감정은
습관이다

우울, 걱정, 불안, 슬픔을
벗어나는 감정 조절법

감정은
습관이다

박용철 지음

▶ 이 책의 사례에 등장하는 인물의 이름은 모두 가명이며, 이해를 돕기 위해 여러 환자의 특징들을 하나의 인물로 합치거나 각색했습니다.

낯선 행복과
익숙한 불행 사이에서
헤매는 사람들

습관은 참으로 무섭습니다. 그 습관이 자신을 파괴하는 것이라고 해도, 우리는 그것을 쉽게 떨쳐 버리지 못합니다.

흡연이 습관화된 사람에게 금연이 얼마나 어려운 일인지 잘 알 겁니다. 정신과 전문의가 되기 전 대학병원에서 일반 의사로 근무하던 당시 수십 년간 담배를 피운 분이 입원했습니다. 흡연으로 인해 발가락이 썩는 버거씨병에 걸려 발가락을 잘라내기 위해 병원에 온 것입니다.

그는 이번에는 꼭 담배를 끊겠다고 말했습니다. 하지만 절단 수술을 한 지 며칠 만에 다시 담배를 피웠습니다.

음주가 습관이 된 분들도 마찬가지였습니다. 간경화가 오고 입에서 피를 토해도 또다시 술을 찾았습니다. 머리로는 잘못된 것임을 잘 알아도, 나아가 나를 죽음으로 몰고 가는 것임을 알아도 습관은 쉽게 멈추지 않습니다. 이런 현상은 정말이지 이해하기 어렵습니다.

습관은 강력한 파괴의 힘을 가지고 있습니다. 이런 강력함은 담배, 술, 마약 등 극단적인 경우에만 국한된 것이 아닙니다. 짜게 먹는 습관이 된 분을 생각해 보십시오. 짠 음식이 몸에 좋지 않다는 것을 잘 알지만 싱겁게 먹지 못합니다. 음식이 싱겁게 나오면 몸에 안 좋은 소금을 스스로 찾아서 더 집어넣습니다.

어느 날 제 친구에게 인상적인 이야기를 들었습니다. 친구는 부모님이 맞벌이를 했기에 어려서부터 대부분 집에 혼자 있었습니다. 친구는 귀가할 때 어두운 집에 불을 켜며 들어가는 것이 아니라, 누군가 자신을 기다리고 있으면 좋겠다고 생각했습니다. 부모님과 함께 지내는 시간을 정말 그리워했습니다.

그 친구가 대학교에 진학한 뒤 그의 어머니는 일을 그만두었습니다. 그가 원한대로 집에서 어머니가 항상 기다리게 된 것이죠. 가족과 함께하는 시간도 늘어났습니다. 그러나 이상하게도 친구의 마음은 좋지 않았습니다.

감정은 습관이다

"낮에 누군가와 집에 함께 있다는 게 너무 이상하더라. 이상한 정도가 아니라 답답하고 자꾸 짜증이 났어. 사람은 원하는 것보다 그동안 익숙했던 걸 선택하나 봐."

결국 그는 집을 나와 자취를 하며 대학을 다녔습니다.

친구의 이야기를 들으면서 우리가 얼마나 익숙한 것에 끌리는지 알았습니다. 설령 그것이 정말 원하던 것이라고 해도 낯설게 느껴지면 우리의 마음은 그것을 버리고 익숙한 것을 택합니다.

이것은 행동뿐만이 아니라 감정도 습관이 된다는 것을 보여줍니다. 친구의 마음은 외로움과 쓸쓸함이라는 감정에 오랫동안 익숙해져 있었던 것입니다. 그것을 참 싫어했지만, 결국 스스로 그 감정을 떠나보내지 못하고 다시 찾아간 것이지요.

정신과를 전공하고 환자들을 보면서, 감정도 습관이 된다는 것을 여러 차례 경험하였습니다. 이처럼 우리가 습관적으로 반복하는 감정들을 저는 '감정습관'이라고 부릅니다. 이 감정습관의 힘은 결코 가볍지 않습니다. 앞서 이야기했듯, 부정적인 감정습관 역시 강력한 파괴의 힘을 지니고 있었지요.

"제 마음이 이렇게 편해도 되는 걸까요?"
"걱정할 때가 오히려 편해요. 아무 일이 없으니 더 큰일이 일어날 것만 같아요."

이런 말을 하는 환자들을 많이 만납니다. 힘들었던 상황이 좋아지고 걱정거리가 없어졌지만, 그들의 마음은 결코 편해지지 않았습니다. 오히려 불안과 우울을 원하는 것처럼 보이기도 했습니다.

걱정거리가 없으면 일부러라도 걱정할 일을 만들었습니다. 일어나지도 않은 일에 미리 불안해하고, 별것 아닌 일에도 자신을 비하하며 슬퍼했습니다. 그건 마치 버거씨병 환자가 독이 되는 담배를 다시 찾는 것과도 같습니다. 이처럼 감정습관의 힘은 참 강력하면서도 광범위하게 우리를 조종합니다.

감정습관은 단순하지 않습니다. 알아채지 못하게 모습을 바꾸고 나를 속여 가며 자신의 습관을 유지하려고 합니다.

- 어느 날은 의욕이 앞서 신나게 일하다가도 돌연 일이 잘 안 될까 걱정하고 불안해지는 이유
- 스트레스가 많은 사람이 술이나 스포츠 내기 등에 쉽게 빠져드는 이유
- 슬픔과 우울로 힘들어하던 사람이 쇼핑 중독에 빠지고, 폭식증에 쉽게 걸리는 이유
- 연예인에게 불안증과 우울증이 많은 이유

감정은 습관이다

- 성공을 위해서 숨가쁘게 달려온 사람에게 우울증이 잘 오는 이유

이런 현상들은 감정습관이 부리는 속임수와 관련이 있습니다. 이 책을 읽어 나가며 감정습관이 부리는 교묘한 변장술과 속임수를 이해하게 될 것입니다. 진정으로 나를 안심시키고 행복하게 하는 길이 무엇인지는 그다음에 알게 됩니다.

감정습관이 파괴적인 힘을 발휘하는 중요한 무대가 하나 더 있습니다. 바로 대인관계입니다.

"저는 왜 이렇게 나쁜 남자만 만나는지 모르겠어요."

이런 말을 하는 사람들이 드물지 않습니다. 우리는 자신도 모르는 사이 나에게 습관이 된 스타일의 사람을 반복해서 찾습니다. 스스로 그런 사람을 찾고 있다는 걸 모릅니다. 그래서 자신에게 도움이 되는 사람을 만나면 낯설어하고 곁에 두지 않습니다. 자신도 모르는 사이 파괴적인 대인관계습관에 빠진 것은 아닌지 살펴보아야 합니다.

이 책은 이처럼 강력한 힘을 가진 감정습관에 대해 다룰 것입니다. 앞부분에서는 감정습관이 우리 마음에 어떻게 영향을 주고 어떤 모습으로 등장하는지 살펴볼 것입니다. 아마 그동안 전

혀 모르고 지나쳤던 감정습관을 발견하게 될 것입니다. 후반부에서는 실제 감정습관을 변화시키기 위한 방법들을 소개하고 구체적으로 설명하는 데 중점을 둘 것입니다.

감정도 습관이 된다는 건 어려운 개념이 아닙니다. 다른 정신과 용어로 설명하면 이해하지 못하던 분들도 '감정도 습관이다', '뇌가 이전의 익숙한 감정을 유지하려 한다'고 설명하면 쉽게 이해합니다.

또한 한번 습관이 된 감정들은 바꿀 수 없는 것이 아닙니다. 저는 많은 분들이 불행이라는 감정습관에서 벗어나 행복이라는 새로운 감정습관의 길로 들어서는 것을 보았습니다. 이를 통해 감정습관이라는 개념이 누구나 쉽게 이해할 수 있으면서도 실제로 도움이 되는 개념이라고 확신하게 되었습니다.

감정도 습관이 된다는 것은 고통이기도 하지만 희망이기도 합니다. 습관은 정말 큰 힘을 가지고 있습니다. 습관은 나에게 도움이 될 수도, 고통이 될 수도 있습니다.

이제부터 '행복'을 습관화해 봅시다. '기쁨'을 습관화해 봅시다. 이 습관은 오히려 나에게 강력한 힘이 되어 줄 것입니다. 웬만한 시련이나 역경이 찾아와도 행복과 기쁨이라는 감정습관의 힘으로 손쉽게 돌파할 수 있을 것입니다.

감정은 습관이다

자, 이제 페이지를 넘기십시오. 파괴적인 감정습관에서 벗어나십시오. 새로운 습관의 문이 눈앞에 와 있습니다.

Contents

Chapter 1

"왜 어떤 감정은 오래가고
어떤 감정은 금세 사라질까요?"

• 감정습관의 힘 •

Chapter 2

"감정습관은
감정의 요요 현상입니다"

· 감정습관의 작동 방식 ·

Chapter 3

"나쁜 감정습관의
스위치를 끄세요"

· 감정습관과 대인관계 ·

Chapter 4

"부정적인 감정습관에서
한 발짝 멀어지세요"

· 감정습관 바로잡는 법 ·

Chapter 5

"감정을 잘 조절하면
내 삶의 무기가 됩니다"

· 긍정적인 감정습관 굳히기 ·

Chapter 1

"왜 어떤 감정은 오래가고 어떤 감정은 금세 사라질까요?"

감정습관의 힘

알코올 중독에 빠진 뇌는 술이 몸에 좋지 않다는 걸 알면서도
자꾸만 술을 찾습니다. 술에 너무도 익숙해졌기 때문입니다.
불안과 우울도 마찬가지입니다. 그것이 고통스럽다는 걸 알아도
뇌는 익숙해진 감정을 계속 느끼려고 합니다.
뇌는 나의 것이지만, 항상 내 편은 아닙니다.

감정도 습관이 됩니다. 이것을 아는 것이 감정 조절의 시작입니다.

뇌는 나의 것이지만
항상 내 편은
아닙니다

감정도 습관이 된다는 것을 어렴풋이 알게 된 것은 대학 병원 전공의로 정신과에 막 입문했을 때입니다. 당시 제가 인상 깊게 보았던 심리 실험을 소개합니다.

1978년, 심리학자 필립 브릭먼Philip Brickman은 행복감에 대해 홍미로운 연구를 했습니다. 서로 다른 두 집단에서 '행복'이라는 감정이 어떻게 변화하는지 관찰한 것이었죠.

한 집단은 얼마 전에 복권에 당첨되어 일순간에 큰 부자가 된 사람들로 구성하였고, 다른 집단은 최근에 사고를 당해 몸이 마비된 사람들로 이루어졌습니다. 누구나 예상하겠지만, 복권에 당첨된 집단의 행복도는 당첨 이전과 비교해 크게 증가했고, 반대로 사고가 난 사람들의 행복도는 사고 전에 비해 큰 폭으로 감소하였습니다.

하지만 시간이 흐르고 다시 조사해 보니 예상외의 결과가 나왔습니다. 복권 당첨자들의 행복도는 시간이 흐를수록 복권에 당첨되기 이전 수준으로 낮아졌지만, 사고가 난 사람들의 행복도도 시간이 지나자 사고가 나기 전과 비슷한 정도로 회복되었던 것입니다.

이 연구 결과를 보고 꽤 당황하였습니다. 격하게 좋은 일이 있어도, 혹은 매우 나쁜 일이 있어도 어느 정도의 시간이 지나면 자신이 기존에 가지고 있었던 감정 상태로 다시 돌아간다는 이 실험의 결과가 참으로 이상했습니다.

이런 결과를 이해하기 위해서는 우리 뇌의 특성에 대해 알아볼 필요가 있습니다.

익숙한 것을
선호하는 뇌

잠시 다이어트 이야기를 해 보려 합니다. 조금 엉뚱한 이야기처럼 들릴지 모르겠으나, 다이어트와 요요 현상에 대해 알아보는 것은 뇌의 특성을 이해하는 데 도움이 됩니다.

비만이 건강에 좋지 않다는 것은 누구나 알고 있습니다. 많은 사람이 건강을 위해서 열심히 다이어트를 하고 운동을 합니다. 수많은 노력으로 살을 빼고 건강에 좋다는 적정 체중까지 감량합니다. 그런데도 결국 다이어트에 실패하는 주된 이유는 요요 현상 때문입니다.

체중은 원하는 만큼 감량하였지만, 그 이후가 문제입니다. 허기가 지고, 칼로리 높은 음식이 자꾸만 눈에 들어옵니다. 음식을 먹고 나면, 몸은 칼로리를 소비하기보다 지방으로 저장부터 합니다. 의욕이 떨어져 활동량이 줄어들고 에너지 소비도 감소합니다.

마음 한구석에서 '이 정도 하면 됐지' 하는 생각이 스멀스멀 기어 나옵니다. 이렇게 우리 체중은 요요처럼 원래 체중으로 되돌아옵니다. 이처럼 원치 않는 요요 현상이 생기는 이유는 무엇일까요? 그것은 우리의 뇌가 다이어트 이전의 체중으로 돌아가야 한다며 몸과 마음에 강하게 명령을 내리기 때문입니다.

뇌는 참으로 어리석습니다. 건강에 좋은 체중으로 만들어 놓았음에도 이전의 비만 상태로 돌아가려고 필사적으로 노력하니 말입니다. 다이어트와 요요 현상으로 고생한 사람들은 이런 자신의 뇌가 너무도 답답하고 미울 것입니다. '내 뇌가 진짜 내 편인가?' 하는 생각도 들지 모릅니다.

여기서 우리는 뇌가 지키고자 하는 중요한 원리 하나를 발견할 수 있습니다. 이 원리가 이 책을 관통하는 핵심입니다. 바로, 뇌는 익숙한 것을 좋아한다는 사실입니다.

뇌의 원리: 뇌는 무의식적으로 나에게 이로운 것을 선택하는 것이 아니고, 그저 평소에 유지했던 익숙한 상태를 필사적으로 지키려고 한다.

뇌의 이런 원리는 왜 생겨났을까요? 하루하루 살아남는 것이 최대 목표였던 원시인 뇌의 작동 원리가 현대인의 머릿속에도 남아 있는 것입니다. 수많은 위험 속에서 지내야 했던 원시 인류에게 웰빙이나 삶의 질 따위는 고려의 대상이 아니었습니다. 어떻게 하면 살아남을 수 있을지만 고민하던 뇌는 지금까지 해 오던 것을 웬만하면 바꾸려고 하지 않습니다. 왜냐하면 '이렇게 하면 적어도 죽지는 않는다'라고 믿기 때문이지요.

새로운 것은 나에게 이득이 될 수도 있지만, 만에 하나 죽음과 직결될 수도 있기에 가능한 한 새로운 것을 받아들이려 하지 않는 것입니다. 이렇게 우리의 뇌는 새로운 것보다는 익숙한 것을 선택하게 됩니다.

이런 식으로 뇌 안에 굳어진 익숙함들이 바로 '습관'입니다. 오랜 기간 유지되어 왔다는 것만으로도 뇌 안에서 표준으로 자리 잡은 것입니다. 화날 때 화를 푸는 방식, 심심할 때 나타나는 행

감정은 습관이다

동들, 잠버릇, 식사 시에 보이는 행동, 일을 처리하는 방법, 좋아하는 노래 장르, 좋아하는 음식 등등 내 안에는 수많은 습관이 깊숙이 스며들어 있습니다.

의식하지 못한 채 이 습관들은 오늘도 어김없이 반복되고 있습니다. 이런 습관의 힘은 참으로 강력합니다. 뇌가 새로운 것을 싫어하고 기존 습관을 필사적으로 유지하려고 하기 때문이지요. 한번 뿌리박힌 습관은 여간해서 바뀌지 않습니다.

비만이 건강에 좋지 않다는 것을 의식적으로 이해해도, 뇌는 무의식적으로 오랫동안 익숙했던 비만 상태를 유지하려고 고집을 부립니다. 그저 익숙한 상태를 지키고, 습관을 유지하려는 뇌 원리가 나타납니다.

이건 비단 행동이나 체중에만 국한되지 않습니다. 감정도 마찬가지입니다. 한동안 익숙했던 감정은 뇌 속에 표준으로 자리를 잡습니다. 오랜 기간 불안하게 지낸 사람은 불안이 표준 감정이 됩니다. 오랜 기간 행복과 감사로 지낸 사람은 행복과 감사함이 표준 감정으로 자리 잡습니다. 그래서 순간순간 여러 감정이 나타나더라도 뇌는 표준으로 잡아놓은 감정을 더욱 선호하고 거기에 집중합니다.

앞서 소개한 실험도 이런 측면으로 이해할 수 있습니다. 어떤 사건으로 인해 감정의 변화가 왔지만, 시간이 흐를수록 뇌는 사건이 주는 의미와 관계없이 그저 익숙한 감정으로 가고 싶어 한 것입니다. 감정에도 요요 현상이 발생한 것이지요.

점점 더 강해지는
습관이 된 감정

"오늘 기분이 어떠십니까? 혹시 기분이 나쁘신가요? 그 이유는 무엇인가요?"

이런 질문을 받으면 우리는 오늘 어떤 일들이 있었는지부터 살펴봅니다. 그런 뒤 '아, 그래! 그런 일이 있었기 때문에 기분이 이렇구나.' 하고 판단합니다. 그런데 정말 그럴까요? 지금의 내 기분을 현재의 상황이나 오늘 일어난 일들로만 설명할 수 있을까요?

체중을 급속히 감량한 이후 요요 현상이 시작되면 식욕이 주체할 수 없이 증가합니다. 음식만 봐도 입에 저절로 침이 고입니다. 그럴 때 먹는 음식은 참으로 맛있습니다.

요요 현상으로 고민하는 사람들은 가끔 이런 이야기를 합니다. "예전엔 그렇게 좋아하지 않은 음식인데 너무 먹고 싶은 거예요. 그래서 시켜 먹었어요. 그럴 때는 정말 자제하기가 어려워요."

뇌가 체중을 다시 늘리기 위해 요요 현상을 만들 때는 먼저 식욕을 증가시킵니다. 그래서 별로 좋아하지 않는 음식도 너무나

감정은 습관이다

맛있게 느껴집니다. 음식의 실제 맛을 뇌가 원하는 방향으로 확대하고 강화합니다.

감정도 마찬가지입니다. 뇌는 습관이 된 감정을 확대하고 강화합니다. 뇌가 불안이라는 감정에 습관이 들어 있으면 우리는 불안을 유발하는 일에 더 신경을 쓰고, 안 좋은 일이 생기면 실제보다 훨씬 큰 걱정과 불안을 느낍니다. 반대로 행복이라는 감정에 습관이 들어 있으면 기분 좋은 일이 발생했을 때 뇌는 거기에 훨씬 큰 관심을 두며 그 느낌을 확대해서 받아들입니다.

오늘 내가 느낀 감정은 실제 오늘 일어난 사건들과 일치하지 않습니다. 우리의 뇌는 익숙한 감정을 어디서 다시 느낄지 주위를 살핍니다. 오늘 일어난 수많은 일 중에 그 감정에 어울리는 일을 찾아 의미를 부여하고 확대합니다. 평소의 감정습관에 어울리는 사건이 발생하면 더 큰 주의를 기울이고, 중요한 사건으로 인식하며, 오랫동안 기억하게 하는 것이지요. 반대로 낯선 감정을 유발하는 일은 과소평가하고 무시하려고 듭니다.

불안이 습관이 된 사람은 하루를 되돌아보며 걱정거리만 기억에 남깁니다. 그리곤 이런 일들 때문에 어쩔 수 없다며 자신의 불안을 합리화합니다. 반면 감사함이 몸에 밴 사람은 감사할 일들이 먼저 기억납니다.

또한 같은 일을 두고도 감정습관에 따라 누군가는 긍정적으로 해석하는 반면, 어떤 사람은 부정적으로 해석하고 불안에 휩싸입니다. 어떤 사람은 화가 먼저 나기도 합니다.

감정을 보다 깊게 이해하고 조절하기 위해서는 '감정도 습관이다'라는 점을 간과하면 안 됩니다. 앞서 나온 뇌의 원리를 감정 측면에서 다시 설명하면 이렇습니다.

뇌는 유쾌하고 행복한 감정이라고 해서 더 좋아하지 않는다. 유쾌한 감정이든 불쾌한 감정이든 익숙한 감정을 선호한다. 불안하고 불쾌한 감정일지라도 그것이 익숙하다면, 뇌는 그것을 느낄 때 안심한다.

자, 이제부터 나도 모르게 자리 잡아 버린 감정습관들을 하나씩 풀어 봅시다.

감정은 습관이다

인정받을수록
불안해지는
감정의 금단 증상

감정습관을 이야기하고자 하면 머릿속에 가장 먼저 떠오르는 분이 있습니다.

이유정 씨는 성실한 회사원입니다. 그녀가 저를 찾아온 이유는 회사 인사 발령에서 진급했기 때문이었습니다. 회사 내 인사에서 진급이 누락되어 우울과 분노를 보이며 정신과를 찾는 사람은 많지만, 오히려 진급되어 힘들다며 찾아오는 경우는 흔하지 않습니다.

그녀는 저에게 상사 밑에서 그냥 시키는 일만 하면 좋겠다고 했습니다. 자신이 나서서 의견을 내는 것이 겁이 나고, 자신이 계획한 것들로 인해 회사가 이전보다 잘 안 될까 봐 두렵다고 했습니다.

몇 번의 면담을 통해 유정 씨가 거부하고 두려워하는 게 단순히 일에 대한 부담감만이 아님을 알게 되었습니다. 그녀가 정말로 피하고자 한 것은 주변의 관심과 칭찬이었습니다. 그녀는 자신이 일을 망쳐서 비난받고 혼나는 상황보다도, 일을 잘 해내서 칭찬받고 관심받는 것을 더욱 꺼렸습니다.

그녀가 칭찬을
못 견디는 이유

유정 씨는 어려서부터 부당한 질책을 많이 받았습니다. 어머니는 그녀가 다섯 살 때 병으로 사망했고, 건설 일을 하는 아버지는 집에 일찍 오는 날이 거의 없었습니다. 그런 그녀를 친할머니가 맡아서 돌보았습니다. 하지만 나이가 들어서 손녀 뒷바라지하는 데 화가 난 할머니는 그녀를 따뜻하게 대해 주지 않았습니다.

초등학교에 입학하면서부터 웬만한 집안일은 그녀가 알아서 했습니다. 도시락도 직접 쌌습니다. 집안 청소를 제대로 하지 않았다고 할머니에게 매를 맞는 날도 많았습니다. 단 하루도 혼나지 않은 날이 없었습니다. 칭찬과 따스함을 정말 원했지만, 그것은 너무나도 낯선 것이 되었습니다.

그런 상황에서 그녀는 자신이 태어나지 말았어야 할 아이라는 생각을 자주 했습니다. 자신 때문에 아버지와 할머니가 고생한다고 느꼈습니다. 나아가 자기 때문에 엄마가 죽은 건 아닐까하는 생각까지 했습니다. 이런 생각을 하니 자신이 미웠습니다. 열등감과 자책감은 그렇게 그녀에게 깊숙이 물들었습니다.

초등학교 5학년 때 유정 씨는 학교에서 귀가하던 중 지갑을 주웠습니다. 지갑 안에는 큰돈이 들어 있었습니다. 그녀는 즉시 그것을 파출소에 가져다 주었습니다. 파출소에서 주인을 찾아 주었는데, 지갑 주인이 그 지역에서 꽤 이름이 있는 분이었나 봅니다. 그분의 강력한 추천으로 그녀는 학교에서 큰 상을 받게 되었습니다.

아이들이 모두 모인 앞에서 단상에 올라가 교장선생님에게 상장을 받았습니다. 모두가 축하해 주는 자리였지만 그녀의 마음은 좋지 않았습니다. 사람들의 관심을 받게 된 것이 오히려 싫었습니다. 잘했다는 칭찬을 받는 게 어색하고, 친구들이 모두 속으로는 자신을 욕하고 비웃을 것만 같았습니다.

상장을 가지고 집에 가니 할머니는 화를 냈습니다. "상장 쪼가리 받아다 어디에 써먹을 거냐? 지갑을 그냥 집으로 가져왔어야지!"라며 그녀를 나무랐습니다. 역시나 자신이 잘못한 것이며, 괜한 일을 해서 할머니를 화나게 했다는 생각이 들었습니다.

그러나 이상하게도 학교에서 칭찬받을 때보다 할머니에게 혼날 때가 더 안심되었습니다. 본래의 자리에 와 있는 것 같았습니다. 칭찬보다 질책에 익숙해졌고, 기쁨과 만족보다는 자책과 열등감에 습관이 들어 버린 것입니다.

유정 씨의 이런 감정습관은 중·고등학교를 거쳐, 취직한 뒤에도 이어졌습니다. 회사에서 그녀는 온갖 잡무를 도맡아서 했습니다. 그래야 마음이 편했습니다. 커피 심부름, 청소, 복사 등의 업무를 손수 나서서 하며 은연중에 스스로를 하대하고, 남들에게 자신이 우습게 보이도록 만들었습니다.

상사에게 억울하게 혼날 때도 그녀는 어떤 변명도 하지 않았습니다. 다른 사람의 잘못이라고 고자질하는 것보다 자신이 혼나는 게 편했습니다. 그냥 그것이 자기가 있어야 할 자리처럼 여겨졌습니다. 그래도 회사에서 해고 당할 정도는 아니고 월급도 밀리지 않고 잘 나왔기에, 그동안 큰 고민 없이 지냈다고 합니다.

그런데 생각지도 못한 일이 일어났습니다. 사람들이 점점 그녀를 인정하기 시작한 것입니다. 묵묵히 자신의 일을 잘하고 잡일도 마다하지 않으니 사람들이 그녀를 좋아하게 된 것이지요. 거기다가 다른 사람의 잘못을 스스로 짊어진 사건 또한 알려졌습니다.

그녀는 그렇게 칭찬받고 인정받는 상황에 처했습니다. 마치 어렸을 적 단상에 올라갔을 때처럼 이런 상황이 너무 부담스럽

감정은 습관이다

고 싶었습니다. 피하고만 싶었습니다.

　유정 씨도 물론 자신에게 칭찬과 인정이 필요하다는 걸 알고 있었습니다. 마음 한구석에서는 그것들을 간절히 원했지요. 하지만 당장의 마음은 달랐습니다. 그저 익숙한, 열등감과 죄책감을 느끼고 남들에게 무시받는 것이 본래 자기 자리라고 믿었습니다. 그 감정들은 오랫동안 함께한 친구 같았습니다.

　바로 이것이 감정습관의 무서움입니다. 그녀는 행복해질 기회가 올 때마다 그것을 스스로 포기하고, 그저 습관이 된 감정에 머물고 싶어 했습니다. 자기 파괴적인 감정이 오히려 편하게 여겨졌던 것입니다.

감정습관이 만들어 내는 금단 증상

　저는 유정 씨가 가진 자신을 괴롭히는 감정습관에 대해 설명해 주었습니다. 그녀는 제 설명을 잘 이해했으며, 이제는 그런 자신을 바꾸고 싶다고 했습니다.

　우선 그녀는 그토록 낯설어하는 칭찬과 자기 만족감, 인정받는 것에 익숙해질 필요가 있었습니다. 먼저 치료자인 저부터 진료실에서 그녀를 칭찬하고 인정해 주는 말을 했습니다. 그럴 때마다 그녀는 어색해하면서 불편하다고 했습니다.

병원에 오지 않는 날도 많았습니다. 자신의 이야기를 하는 게 부담스럽다는 이유였습니다. 하지만 제가 보기에는 질책을 받고 혼나는 인간관계가 아니라 공감을 받고 칭찬받는 새로운 분위기에 부담을 느끼는 듯했습니다. 칭찬을 두려워하고 낯설어하는 그녀에게 병원이 부담스럽고 불쾌한 곳이 된 것입니다.

부정적인 감정습관을 극복하고 바꾸기 위해서는 새로운 감정과 접할 기회를 늘리고 피하지 말아야 합니다. 그런데 이 단계가 참 어렵습니다. 이게 정말 맞는 건가 하는 생각이 듭니다. 왠지 더 안 좋은 일이 일어날 것만 같은 불길함도 엄습합니다.

그녀도 마찬가지였습니다. 제가 칭찬해 주며 공감해 주고 회사에서도 점점 더 인정을 받자 그녀는 이렇게 있다가는 훨씬 더 큰 불행이 올지도 모른다고 생각한 것입니다. 사람은 분수를 알아야 하는데, 그것을 모르고 이렇게 희희낙락하다가는 정말이지 끔찍한 일이 벌어질 것만 같았던 것입니다.

이것은 감정습관이 만들어 내는 '금단 증상'이라고 할 수 있습니다. 비난과 질책에 습관이 든 뇌가 비난과 질책이 적어지자 견디기 어려운 금단 증상을 보이며 또다시 필사적으로 비난과 질책을 찾는 것입니다.

이런 금단의 순간을 버텨 내야 합니다. 술이나 담배에 습관이 든 사람이 어떻습니까? 금주하거나 금연을 하면 수 주일 동안 극심한 금단 증상을 겪습니다. 그렇다면 금주나 금연에 성공한

감정은 습관이다

사람들은 어떻게 극복했을까요? 바로 확신의 힘입니다. 지금의 고통은 당연한 것이고, 어느 정도 지나면 반드시 새로운 습관에 익숙해진다는 확신 말입니다.

감정습관도 마찬가지입니다. 잘못된 길이 아니라 나에게 진정 도움이 되는 길을 가고 있다는 100퍼센트의 확신, 그리고 이런 고통 뒤에는 반드시 행복이 기다린다는 확신이 이 증상을 견뎌 내는 힘이 되어 줍니다.

불안을
찾아다니는
마음속 하이에나

올해로 60세가 되는 김지선 씨는 다소 긴장한 표정으로 저를 찾아왔습니다. 남편과 아들이 함께 온 것으로 보아 가족들도 그녀에게 신경을 많이 쓰는 것 같았습니다.

그녀는 "걱정이 너무 많아요"라며 이야기를 시작했습니다. 무엇이 그렇게 걱정이냐는 질문에 그녀는 "특별하게 걱정할 건 없어요. 근데 나도 모르게 자꾸 불안해요"라고 대답했습니다.

실제로 그랬습니다. 경제적으로도 큰 어려움이 없었고, 가족도 화목한 편이었습니다. 하지 않아도 될 걱정을 사서 한다고 표현하면 딱 좋은 상태였습니다. 아들이 나가면 교통사고가 나지 않을까 전전긍긍했고, 뉴스에서 사건 사고 소식이 나오면 그

감정은 습관이다

런 일이 자신이나 가족에게 일어나지 않을까 걱정했습니다. 가족이 모두 함께 있는 안전한 상황에서도 그녀는 무언가 일이 잘못될 것 같다며 불안해했습니다.

걱정이 습관이
되어 버린 마음

김지선 씨가 겪는 이런 증상을 정신과에서는 '범불안 장애'라고 합니다. 특별한 걱정거리가 없는데도 항시 불안하고 사서 걱정하는 사람들이 여기에 해당합니다.

그녀를 이해할 힌트는 현재에 있지 않은 것 같았습니다. 그래서 그녀의 과거 이야기를 들어 보기로 했습니다.

지선 씨는 강원도의 시골 마을에서 2남 3녀 중 맏딸로 태어났습니다. 그녀의 집은 매우 가난해 어려서부터 학교에도 가지 못하고 온갖 집안일을 도우며 지냈습니다. 어머니가 농사를 지으러 가면 동생들을 돌보는 것은 모두 그녀의 몫이었습니다. 아버지는 평소 그녀에게 잘해 주었지만 술을 마시는 날이 많았고, 그럴 때마다 폭력적으로 변했습니다.

가난에 대한 아버지의 한탄과 분노는 그녀의 어머니에게 향했습니다. 아버지는 취하면 어머니를 욕하고 때렸습니다. 그럴 때면 지선 씨는 방구석 이불속에서 동생들을 감싸 안고 벌벌 떨며

"괜찮아, 괜찮아"를 되뇌었습니다. 그녀는 진료실에서 당시 이 야기를 하며 하염없이 눈물을 흘렸습니다. "그땐 정말 죽었으면 좋겠다고 생각했어요."

해가 저물고 저녁이 되면 그녀의 마음은 불안과 초조함으로 두방망이질 쳤습니다. '오늘 아버지가 술을 드시지는 않을까?' 동생들과 손잡고 아버지가 술을 마시지 않게 해 달라고 기도했 습니다.

그녀는 하루라도 빨리 결혼해 집을 떠나고 싶었습니다. 이 집 을 떠나면 모든 것이 나아질 거라는 희망으로 버텼습니다. 그렇 게 스무 살이 넘자마자 서둘러 결혼하였습니다.

결혼해서 분가를 했지만, 안타깝게도 힘든 상황은 크게 나아 지지 않았습니다. 여전히 경제적으로 어려웠고, 2남 2녀를 기르 면서 하루도 편하게 지낸 날이 없었습니다. 남편은 경제적으로 무능했지만, 술을 마시지 않았고 폭행도 없었기에 이것만으로 도 다행이라며 힘든 상황을 참고 이겨 냈다고 합니다.

그러면서 그녀는 한 가지 희망을 품었습니다. '언젠가 아이들 이 잘 자라서 좋은 사람과 결혼을 하고, 우리 집도 경제적으로 풍요로워질 날이 오겠지. 그때가 되면 힘든 날도 끝나고 행복해 질 수 있겠지.'

다행히 그런 날이 실제로 왔습니다. 일이 잘 풀려 몇 년 전부 터 경제적으로 풍족해졌고, 자녀들도 잘 자라 건실한 직장에 다

감정은 습관이다

니게 되었습니다. 이제는 정말 그동안의 고생을 보상받고 보란 듯이 행복해져야 하는데 그녀의 마음은 그러지 못했습니다.

"지금은 정말 걱정할 것이 없는데도 왜 이러는지 모르겠어요."

참으로 억울한 일이었습니다. 이미 습관이 되어 버린 불안과 걱정이 그녀를 잡고 놓아주지 않았기 때문입니다.

지금 불쾌하다면 잘하고 있는 것

수십 년간 걱정을 달고 살았던 지선 씨의 뇌는 한 시간에도 몇 번씩 걱정하고 불안에 빠지는 것을 당연한 것으로 여겼습니다. 앞에서 말한 복권 당첨자들처럼, 기분 좋은 일이 생겨도 결국에는 기존의 습관으로 돌아가려고 했습니다. "어느 정도 긴장하고 불안한 것이 정상이지. 암. 그렇고말고." 그녀의 뇌는 이렇게 주장하는 듯합니다.

저는 그녀에게 불안이 습관화되어 있음을 설명했습니다. 사소한 것에도 불안해지고 일어나지 않을 일을 미리 걱정하는 것은 뇌가 불안을 느끼고 싶어 하기 때문이라고 말입니다.

"맞아요. 그런 것 같아요. 선생님 말씀을 듣고 가만 생각해 보니까 제 마음속에 하이에나가 있는 것 같아요. 하루하루 걱정거리가 뭐가 있나 찾아 헤매는 하이에나 말이에요. 아무 일도 없고 평온한 시간이 이어질수록 마음 한구석이 불편해요. 내가 이러고 있어도 되나 싶고요. 걱정해야만 안심하는 제가 너무 답답하네요. 정말 억울해요."

그녀는 자신에게 붙어 버린 감정습관을 이해했습니다. 그러나 또다시 걱정하며 간절한 눈빛으로 물었습니다. "그런데 이렇게 습관이 되어 버린 불안은 어떻게 없애야 하나요?"

새로운 감정습관을 익히기 위해서 가장 먼저 필요한 것은 역시 강한 확신입니다. 그녀에게 걱정하지 말고 지내 보라고 하자, 마음 한편에서 그저 편하게 있는 것은 할 도리를 안 하는 것이라는 죄책감이 나타났습니다. 역시나 그녀는 걱정을 하고 불안을 느껴야 자신이 맞는 자리에 있다고 느꼈습니다. 그것이 올바른 것이라는 착각의 덫에 빠진 것이지요.

저는 그녀에게 100퍼센트 확신을 가지라고 말했습니다. 그런 불쾌함과 죄책감은 새로운 습관이 몸에 배기 시작했음을 의미한다고 했습니다. 또한 그것이 아주 잘하고 있다는 좋은 신호임을 믿으라고 했습니다. 그렇게 불쾌함과 죄책감을 응당 거쳐 가야 할 과정으로 받아들이자, 그녀의 금단 증상은 한결 견딜 만해졌습니다.

그 후로는 '내가 이렇게 편해도 되나?', '무슨 일이 생기는 건 아닐까?', '밖에 나간 딸은 잘 있을까?' 하는 걱정들이 다시 기어 나오려고 해도 일부러 막으려고 애쓰지 않았습니다. 그렇다고

감정은 습관이다

거기에 휩쓸려서 심하게 불안해하지도 않았습니다. 그저 하나의 과정으로 받아들이고 흘러가도록 놔두었습니다. 시간이 지날수록 내가 잘하고 있다는 확신이 더욱 강해졌고, 불쾌함도 줄어들었습니다. 그리고 그 자리에 편안함과 만족, 기쁨이 서서히 자리 잡았습니다.

마지막으로 병원에 방문했을 때 지선 씨는 웃고 있었습니다. 현재 상황에 대해 온전한 기쁨을 누리고 있다고 했습니다. 불안을 찾아다니던 마음속 하이에나가 떠나갔다고 합니다. 그녀가 마음속 하이에나를 멀리 쫓아 버릴 수 있었던 것은 힘든 순간순간 '나는 잘하고 있다'는 확신의 울타리를 쳤기 때문입니다.

뇌가
사용하는
중요한 속임수

뇌가 익숙한 감정습관을 유지하기 위해 사용하는 중요한 속임수를 소개하겠습니다. 먼저 질문 하나를 하겠습니다. 우울증에 걸린 사람은 흔히 좋은 일은 하나도 없고, 즐거울 때가 전혀 없다고 말합니다. 그렇다면 우울증에 걸린 사람들은 행복 또는 즐거움이라는 감정 자체를 느끼지 못하는 것일까요?

우울한 사람과 긍정적인 사람의
결정적 차이

위스콘신 대학의 리처드 J. 데이비드슨 Richard J. Davidson 교수는 만성 우울증을 앓는 사람들과 긍정적인 정서를 지닌 사람들을 각각의 그룹으로 나누어 흥미로운 실험을 진행하였습니다.

데이비드슨 교수는 그들에게 기분이 좋아질 만한 사진을 보여 주었습니다. 아기를 바라보며 행복에 겨워하는 엄마의 모습, 어려움에 처한 타인을 도와주는 훈훈한 모습, 사람들이 즐겁게 춤을 추는 모습, 어린아이들이 신나게 놀면서 웃는 모습 등으로 구성된 사진이었습니다. 그리고 나서 기쁨이나 즐거움을 느낄 때 활성화되는 뇌 부위를 조사했습니다.

조사 결과, 사진을 보여 줄 때 두 그룹 모두에서 즐거움을 느끼는 뇌 부위가 활성화되었습니다. 또한 사진을 볼 때 우울증 환자와 건강한 사람의 뇌 활성화 정도도 거의 유사했습니다. 초기에는 두 그룹 모두 비슷한 정도로 유쾌한 감정을 느낀다는 뜻입니다.

하지만 그것이 유지되는 시간은 달랐습니다. 평소 긍정적인 정서를 가진 그룹의 사람들은 훨씬 긴 시간 뇌 부위가 활성화되어 있었습니다. 우울증 그룹의 사람들은 단지 몇 분 동안만 활성도가 유지되었고, 긍정적인 그룹은 한 시간 가까이 뇌 활성도가 유지된 것입니다.

즉, 우울증 그룹은 유쾌함을 몇 분만 느끼고 말지만, 긍정적인 그룹은 유쾌함을 한 시간 가까이 느낀다는 것입니다. 이것이 우울함이 습관화된 사람과 즐거움이 습관화된 사람의 차이였습니다.

이 실험은 우리에게 중요한 점을 알려 줍니다. 우울함이 습관이 되었다고 해서 즐거움과 행복감을 느끼지 못하는 것은 아니라는 점입니다. 일이 잘되면 안도하고 기분도 좋아집니다. 성취감을 느끼고 자신감이 생기기도 합니다. 사람들은 보통 우울증에 빠지면 좋은 감정이 아예 사라진 것처럼 생각하지만 그렇지 않은 것이지요.

아무리 뇌가 습관을 유지하기 좋아한다고 해도 다른 감정이 아예 들지 않도록 막을 수는 없는 것입니다. 다만 습관을 유지하기 위해 뇌는 차선책을 사용합니다. 일단 선호하는 감정이 나타나면 그것을 가능한 한 오래 끌고 가려 하고, 낯선 감정은 빨리 망각해 버리는 것입니다.

가령 우울감에 익숙해진 사람들은 회사에서 상사가 인사를 잘 받아 주지 않으면 하루 종일 그 생각을 합니다. 그저 상사가 바빠서 못 봤을 가능성이 커도 '상사가 나를 싫어하나 보다'라며 자신만의 생각을 만들고 그 생각을 반복하며 계속 우울한 기분에 빠져 있습니다.

하지만 반대의 경우는 어떻습니까? 어느 날 상사가 환한 미소로 인사를 받아 주면 '상사가 나를 좋게 생각하는구나' 하며 순간 기분이 좋아집니다. 하지만 몇 분이 채 지나지 않아 그 기억은 저 멀리 사라져 버립니다. 몇 시간 지나고 나면 일부러 떠올리지 않는 한 아침에 일시적으로 좋은 기분이 들었다는 것조차 기

감정은 습관이다

억나지 않지요. 이처럼 뇌는 자신이 선호하는 감정은 어떻게든 오래 끌고 가려 하고, 반대 감정은 금세 망각하도록 조작합니다.

긍정적인 감정
오래 끌고 가기

외로움이라는 감정이 습관이 된 사람을 예로 들어 봅시다. 그런 사람은 자신이 소외되거나 어딘가에 속하지 못하는 상황이 오면 즉시 외로움이라는 감정을 활성화할 것입니다. 그리고 그것을 가능한 한 길게 유지할 것입니다.

제3자가 그 사람의 일상생활을 찬찬히 살펴본다면 남들과 어울리는 순간도 있고, 또 남들이 관심을 가지고 신경을 써 줄 때도 있었음을 발견할 것입니다. 그럴 땐 그 사람도 안도하고 기분도 좋아지겠지만, 그 순간은 금세 머릿속에서 사라질 것입니다. 하지만 그렇기에 희망도 가질 수 있습니다. 비록 횟수가 적고 금방 사라지긴 하지만 긍정적인 감정을 아예 못 느끼는 건 아니기 때문입니다.

긍정적인 감정의 불씨가 나타나면 꺼지지 않게 조심하며, 산소도 공급해 주고 땔감도 주면서 오래 유지하는 연습을 하면 됩니다. 물론 한두 번으로 되지는 않겠지만, 꾸준히 연습하면 뇌는 긍정적인 감정에 익숙해지고 점차 새로운 습관을 받아들일 것입니다.

여기서 감정이 금세 사라지지 않게 유지해 주는 산소와 땔감은 무엇일까요? 바로 '관심'입니다. 그런 감정이 있었다는 것을 인식하고 기억하는 것입니다. 그리고 반복해서 다시 생각하고 느껴 보아야 합니다.

하루를 지내다 보면 횟수가 많지는 않아도 기분 좋을 때, 만족감을 느낄 때, 작으나마 성취감을 느낄 때, 감사함을 느낄 때가 옵니다. 아주 사소한 것도 놓치면 안 됩니다. 머리로만 기억하려고 해서는 잊기 쉬우므로 적는 것이 좋습니다. 수첩을 하나 사서 '감정 수첩'이라고 이름을 붙이세요. 앞으로 감정 수첩을 이용하는 방법을 여러 차례 소개할 것입니다.

기쁨이나 즐거움을 느낄 때마다 그 순간이 지나가기 전에 감정 수첩을 열고 그때의 상황과 기분을 적습니다. 그리고 당시의 생각도 적습니다. 긍정적인 기분이 하루에 한두 번밖에 없어도 괜찮습니다. 이렇게 적은 내용을 시간 날 때마다 읽어 보며 다시 떠올립니다. 하루를 마무리하기 전 최소한 한 번은 수첩을 펼쳐 그때의 상황을 떠올리며 그때의 감정을 느껴 봅시다.

좋은 감정이 드는 횟수가 적으면 적을수록 더욱 소중히 여겨야 합니다. 한 번 한 번의 긍정적인 일이나 감정을 절대 놓치면 안 됩니다. 그 불씨를 지키고 키워 나가야 합니다. 그렇게 뇌가 긍정적인 감정에 점차 익숙해지도록 해야 합니다.

감정은 습관이다

"잘 모르겠으니까
그냥 익숙한 걸로
통일!"

깊이 습관이 된 익숙한 감정을 자주 느끼다 보면, 그 감정을 느낄 상황이 아닌데도 습관이 된 감정이 불쑥 나타나는 경우가 있습니다. 이를테면 화를 자주 내던 사람은 슬픈 상황임에도 화를 내고, 슬픈 감정이 습관이 된 사람은 화를 내야 하는 상황임에도 자책하며 슬퍼하는 경우입니다.

예전 제 환자 중에 자신이 잘못한 상황이나 미안한 상황이 오면 오히려 주변 사람들에게 심하게 화를 내던 남자분이 있었습니다. 어느 날 아들이 교통사고로 다쳤는데도 그는 괜찮으냐며 걱정하기보다 "이 문제만 일으키는 놈아!"라며 심하게 화를 냈습니다.

나중에 면담 치료를 하며 알게 된 것이지만, 실제로 그때 그가 느꼈던 감정은 아버지로서 아들을 지켜 주지 못한 미안함과 아들에 대한 안쓰러움이었습니다. 하지만 화를 내는 습관이 있던 그는 그 상황에서도 아들에게 화를 냈던 것입니다.

즉, 그는 이기적이고 인정 없는 사람이 아니라 미안함과 죄책감, 분노라는 감정을 구분하지 못한 것이지요. 한 감정이 습관이 되고 유독 자주 느끼다 보니 각각의 감정을 구분하고 인식하는 뇌 기능 자체에 문제가 생긴 것입니다.

자라면서 구분하게 되는 감정들

감정은 기본적으로 자극에서 시작합니다. 상황에 따라 발생하는 어떤 자극을 뇌가 감정이라는 것으로 변환하여 느끼는 것입니다. 뇌는 이런 자극들의 미세한 차이를 구분하며 우울함, 억울함, 분노, 기쁨 등등으로 세분화합니다. 이런 과정을 통해 우리는 여러 가지 감정을 다르게 느낍니다.

태어난 지 얼마 안 된 아기는 감정을 다양하게 느끼지 못합니다. 아마도 유쾌함과 불쾌함, 많아야 서너 가지로 자신의 모든 감정을 인식할 것입니다. 즉, 갓난아기는 분노, 슬픔, 두려움 등을 모두 뭉뚱그려서 불쾌라는 감정 덩어리로 인식하는 것입니다.

감정은 습관이다

그러나 성장하면서 처음에는 그냥 불쾌하다고 생각했던 감정들에 미세하게 다른 점이 있다는 걸 알아 갑니다. 동시에 언어를 익히며 '슬픔', '두려움', '분노' 등의 단어를 배우고, 거기에 맞는 감정을 연결 지으며 감정을 더 확고하게 구분합니다.

여기서 잠깐 아이가 '배고프다'라는 느낌을 알아 가는 과정을 살펴봅시다. 배고픔을 느끼는 과정을 이해하면 뇌가 감정을 구분하는 과정도 보다 깊게 이해할 수 있습니다. 감정을 구분하는 과정과 신체에서 오는 여러 느낌을 구분하는 과정은 유사하기 때문입니다.

유아들은 배고픈 느낌을 잘 모릅니다. 배에서 오는 감각을 미세하게 구분하지 못해 배가 아픈 것인지 배가 고픈 것인지 잘 구분하지 못합니다. 그래서 유아들은 종종 배가 고픈 것을 아프다고 표현합니다. 그뿐만이 아닙니다. 배가 부른 느낌의 미세한 차이도 잘 인식하지 못해 배가 부른 것도 그저 배가 아프다고 표현하기도 합니다.

하지만 성장해 가면서 배고픔, 배 아픔, 배부름의 미세한 차이를 구분하기 시작합니다. '아, 이건 배가 고픈 것이구나. 배가 아픈 것과는 이런 차이가 있구나.', '이건 배가 부른 것이구나. 배가 고픈 것과는 이렇게 다르구나.' 하며 그 구분점을 확실히 익히는 것이지요.

그런데 이렇게 배운 구분점들은 한번 익혔다고 해서 평생 확고하게 유지되지 않습니다.

감정을 통일하지 말고
나누어야 하는 이유

자신의 신체에 대한 왜곡이 생겨서 몹시 말랐음에도 자신이 뚱뚱하다고 생각하는 병을 아시지요? 바로 '거식증'입니다. 거식증에 걸린 환자들은 극단적으로 음식을 거부합니다. 며칠씩 굶기도 하고, 먹더라도 정말 소량만을 섭취합니다.

거식증 환자들에게 다시 식사를 권할 때 어려운 점 중 하나는 환자가 음식을 먹고 나면 불쾌함과 심한 복통을 느낀다는 것입니다. 또한 배고픈 느낌도 잘 모르고 그 역시 배가 아프다고 생각합니다.

단식이 지속되면서 배고픈 느낌이 계속 무시되고 오랜 기간 배부른 느낌이 없었기 때문에 뇌가 다시 유아 시절로 돌아간 것입니다. 느낌들의 미세한 차이를 구분하지 못하게 된 것이지요. 거식증 환자의 뇌는 "뭐가 배고픈 거고 뭐가 배부른 거야? 헷갈리네. 그냥 배가 아픈 걸로 통일!" 이렇게 말하는 것 같습니다.

감정도 마찬가지입니다. 자라면서, 또 언어를 익혀 가며 뇌는 각 감정의 미세한 차이를 익히고 잘 구분해 둡니다. 그러나 하나의 감정을 주로 사용하고 다른 감정을 무시하기 시작하는 감

감정은 습관이다

정습관의 덫에 빠지면, 점점 자극의 미세한 차이를 구분하지 못하고 다른 감정을 느껴야 할 상황에서도 그저 익숙한 감정으로 잘못 해석할 수 있는 것입니다.

앞에 소개했던 환자분도 그런 이유로 미안함과 화를 구분하지 못하고, 엉뚱하게 '화'라는 감정이 마음을 대표하게 된 것입니다. '뭐가 화난 거고 뭐가 미안한 건지 너무 헷갈리네. 그냥 화난 걸로 통일!'

그러므로 이런 경우 새로운 감정습관을 익히기 위해서는 감정을 구분하고 세분화하는 연습을 해야 합니다. 감정을 풍요롭고 다양하게 느끼고 구분할수록 획일화된 감정습관에서 벗어날 수 있기 때문입니다.

그러므로 감정 수첩을 이용해 느껴지는 감정들을 적습니다. 그리고 나서 그 감정을 세분화하고, 구분하는 작업을 합니다. 현 상황과 내 입장을 떠올려 보고, 객관적으로 보았을 때 어떤 감정을 느끼는 것이 적절한 것인지 생각해 봅니다. 그 후 자신이 실제 느낀 감정과 비교해 봅니다. 무언가 상황에 적절하지 않고 모순된 감정들이 나타난다면 당시 내가 감정을 제대로 구분하지 못했을 가능성이 있습니다.

그리고 다음에 비슷한 상황에 놓인다면, 느껴지는 감정을 그냥 흘려보내지 말고 '실은 이 감정은 분노가 아니라 미안함 아닐까?' 하며 다시 한번 검토해 보는 것입니다. 이렇게 감정 수첩을 기록하며 상황에 맞지 않는 감정이 있다는 걸 인식하고, 그런 상황이 다시 왔을 때 감정에 대해 세심하게 구분하려 노력합시다.

이런 과정을 통해 감정이 훨씬 풍요로워지고, 두루뭉술하게 뭉쳐져 있던 엉뚱한 감정에서 벗어날 수 있습니다. 이 방법은 새로운 감정습관을 익히는 데 큰 도움이 됩니다.

감정은 습관이다

뇌가
감정습관에
집착하는 이유

앞의 내용들을 통해, 오랫동안 익숙해져 버린 감정습관은 쉽게 떨쳐 버릴 수 없다는 것을 살펴보았습니다. 괴로운 감정습관도 뇌가 정상으로 인식하기 때문이지요.

하지만 괴로운 감정습관을 쉽게 바꿀 수 없는 중요한 이유가 한 가지 더 있습니다. 이것을 알지 못하면, 감정습관에 대해 중요한 것을 놓치게 됩니다. 바로 고통스러운 감정습관을 통해 얻는 이익이 있다는 것입니다. 그것은 나조차 쉽게 눈치챌 수 없는 숨겨진 이득입니다.

어렸을 때 학교에 가기 싫으면 실제로 배가 살살 아파 오던 경험이 있지 않나요? 많은 사람이 비슷한 경험을 했을 겁니다. 의식적으로 한 것은 아니지만, 학교에 가지 않는 핑계를 삼기 위해 뇌가 통증을 만들어 낸 것이지요.

이렇게 괴롭고 고통스러운 통증일지라도, 그 뒤에 나도 모르는 이익이 있을 때가 있습니다. 이런 은밀한 이익을 정신과에서는 2차적 이득secondary gain 이라고 부릅니다. 마찬가지로 불안, 우울, 걱정 등 고통스러운 감정 뒤에도 2차적 이득이 있을 수 있습니다.

산후 우울증 주부의 알 수 없는 걱정

올해 33세인 김영숙 씨는 외동아들인 남편과 7년 전에 결혼했습니다. 결혼하면서부터 시부모를 모시고 살았습니다. 성격이 싹싹한 그녀는 시부모에게 잘했고, 집안일도 잘 해냈습니다. 큰 문제 없는 결혼 생활이었고 앞으로도 잘 해낼 수 있을 것 같았습니다.

하지만 4년 전 딸을 임신하면서 이런 생활이 버겁게 느껴지기 시작했습니다. 임신한 채로 집안일을 하고 시부모와 남편을 뒷바라지하는 것이 육체적으로나 정신적으로나 너무 힘들었습니다. '내가 언제까지 이렇게 살아야 하나? 아기를 낳으면 일이 훨씬 많아질 텐데, 내가 해낼 수 있을까?'라는 걱정이 임신 기간 내

내 그녀에게 드리워졌습니다.

안타깝게도 딸을 출산한 후에는 불안감과 우울감이 더욱 심해졌습니다. 산후 우울증이 온 것입니다. 사는 것이 의미 없게 느껴지고, 왠지 모를 불안이 엄습했습니다. 태어난 아이에게 무슨 일이 생길 것만 같고, 자신도 큰 병에 걸려 곧 죽을 것만 같았습니다. 보통 산후 우울증은 시간이 지나면 회복되고 건강한 마음을 되찾는데, 그녀는 그러지 못했습니다.

정신과 치료를 꺼리던 영숙 씨는 3년 넘게 불안감과 우울감으로 힘들어하다 더 이상 안 되겠다 싶어 병원을 찾아왔습니다. 방문 첫날 몹시 불안한 표정으로 자신의 걱정거리를 이야기했습니다.

최근에 그녀의 가장 큰 걱정거리는 남편이었습니다. 남편이 어느 날 갑자기 직장에서 잘리고 집안이 경제적으로 어려워지면 어쩌나 심각하게 걱정하고 있었습니다. 하지만 남편의 이야기를 들어 보니, 그녀의 걱정과 달리 그는 회사에서 인정받으며 직장 생활을 잘하고 있었습니다. 그리고 일을 잘하지 못한다고 쉽게 직원을 자를 수 있는 직장도 아니었습니다.

사실 그녀도 남편이 직장에서 잘릴 가능성은 거의 없다는 것을 잘 알고 있습니다. 하지만 그녀는 그런 사실을 피하고 싶어 했습니다. 남편이 직장에서 인정받고 있다는 수많은 증거가 있었지만, 그것을 직면하고 싶지도 않고 인정하고 싶지도 않은 것 같았습니다.

"그건 모르죠. 하루아침에 잘릴 수도 있잖아요. 선생님이 책임지실 수 있어요?" 그녀는 이렇게 자신의 걱정만 강하게 주장했습니다.

걱정 뒤에 숨겨진 은밀한 이득

이와 비슷한 상황을 주위에서 간간이 볼 수 있습니다. 조금만 생각해 봐도 실제 그런 걱정은 아무런 의미가 없고 일어날 가능성 또한 희박하다는 것을 알 수 있습니다. 하지만 이들은 일부러 괜찮다는 증거를 보지 않으려고 합니다. 그냥 자신의 걱정을 이어 가고 싶어 합니다. 그러다가 정말 괜찮다는 확고한 증거를 마주하면, 일단 안심하면서도 한편으로는 조금 허탈하고 아쉬워합니다. 그러한 걱정 뒤에 2차적 이득이 있기 때문입니다.

영숙 씨는 출산 이후에도 지속된 우울감과 불안감으로 일상생활을 제대로 하지 못했습니다. 시부모와 남편은 걱정하며 그녀를 아이 다루듯 조심스럽게 돌보았습니다. 물론 힘든 일이나 집안일은 대부분 시부모와 남편이 맡았지요. 그렇습니다. 이것이 그녀를 우울이라는 감정습관에서 벗어나지 못하게 하는 2차적 이득이었습니다.

뇌가 교묘하게도 괴로운 감정 안에서 일을 하지 않고 쉴 수 있는 은밀한 이득을 발견한 것입니다. 또한 이런 부정적인 감정습관은 자신에게도 면죄부를 주었습니다. 시부모를 잘 모시고 남편에 대한 내조를 중요시하는 그녀에게 핑계를 만들어 준 것이지요. '지금은 더 중요한 걱정을 해야 돼. 그러니 내조는 나중에 하자.' 그럴듯하게 자신의 일을 회피하고도 죄책감에서 벗어나게 해 주었습니다.

이렇게 2차적 이득이 걸린 상태에서는 감정습관에서 벗어나기가 더욱 어렵습니다. 무의식적으로 그런 은밀한 이득을 놓치지 않으려 하기 때문입니다. 따라서 감정을 바꾸기 위해서는 고통스러운 감정 이면에 감추어진 이득이 있지 않은지 반드시 살펴보아야 합니다.

물론 불안감이나 우울감 같은 감정 뒤에 2차적 이득이 항상 존재하는 건 아닙니다. 오히려 대부분 불안증과 우울증은 2차적 이득과 상관없지요. 하지만 오랜 기간 습관이 된 부정적인 감정이 있다면, 혹시 그 괴로움 이면에 이득은 없는지 찬찬히 살펴보아야 합니다. 작은 이득을 위해 진정한 행복을 포기하고 있는 것은 아닌지 말입니다.

이처럼 2차적 이득을 버리고 감정습관을 바꾸려면 용기가 필요합니다. 손해 보는 것도 생기고, 허구의 걱정 안에서 잊고 지냈던 진짜 현실의 고민들과 마주해야 할지도 모릅니다. 그렇지만 꾀병으로 학교를 가지 않으려는 아이처럼, 더 중요한 것을 잃지 않으려면 용기를 내야 합니다.

감정은 습관이다

왜 그들은
행복보다 불행이
편할까요?

최준형 씨는 전도유망한 청년입니다. 그가 찾아온 이유는 다른 환자들과 조금 달랐습니다. 마음을 편하게 해 달라는 것이 아니라 더 불안하고 긴장하게 해달라는 것이었지요.

그는 손꼽히는 명문대를 졸업하고, 얼마 전 모교 로스쿨에 들어간 상태였습니다. 자신이 꿈꾸는 판사가 되기 위해 하나하나 자신이 계획해 둔 길을 한 치의 오차도 없이 가고 있었습니다. 하지만 부담감이 상당했습니다. 성공하지 못하면 끝장이라고 했습니다.

그에게는 형이 하나 있습니다. 그가 어렸을 때는 부모님은 준형 씨보다 형에게 더 많은 기대를 했습니다. 당시 경제적으로 힘들었던 부모님은 큰아들이 성공하기를 간절히 바랐습니다. 하지만 형은 그럴 능력이 없었습니다. 공부도 잘하지 못했고, 부모의 말도 잘 듣지 않았습니다.

반면, 공부를 매우 잘했던 준형 씨는 성공을 향한 부모의 갈망을 그대로 마음에 품었습니다. 이제 부모는 온 기대를 준형 씨에게만 걸고 있습니다. 그에게 공부를 소홀히 한다는 것은 부모에 대한 배신처럼 느껴졌습니다.

미래를 위해
공부 기계가 된 청년

첫 면담 때 그는 이런 이야기를 했습니다. "요즘 공부에 집중이 잘 안 돼요. 정신이 해이해진 것 같아요. 좀 더 집중하고 딴생각을 전혀 안 하는 방법을 알려주세요."

그렇습니다. 그가 병원에 온 이유는 공부를 더 잘하기 위해서였습니다. 하루에 열 시간 이상씩 공부를 해야 하는데, 그것을 힘들어하고 지겨워하는 자신이 밉고 답답하다고 했습니다. 그에게 그렇게 공부를 열심히 하는 이유가 무엇인지 물어보았습니다. "제 목표는 판사가 돼서 수도권에 발령받는 거예요." 단호한 그의 대답에서 결연함마저 느껴졌습니다.

"저는 정말 공부 기계가 되고 싶어요. 제 목표를 이루기 전까

감정은 습관이다

지는 한눈을 팔 수가 없어요. 여자 친구요? 아직 연애할 때가 아니잖아요. 항상 긴장하고 집중해야 해요." 그는 조금이라도 해이해지는 것을 경계했고, 현재의 만족은 미래의 행복을 갉아먹는 것으로 생각해 죄악시했습니다.

그러나 정작 판사가 되어야 하는 구체적인 이유는 잘 모르겠다고 했습니다. 그저 부모님이 좋아하고 스스로도 자랑스러울 것 같다고 했습니다. 제가 보기에 행복을 훗날로 미루어 두고 긴장과 불안을 자신이 느껴야 할 유일한 감정으로 떠받드는 그는 이미 공부 기계였습니다.

그는 안락함과 편안함을 거부하고 긴장과 치열한 경쟁 속에서 불안만 느끼기를 원했습니다. 다른 감정, 가령 즐거움, 낙천적인 생각, 만족감 등이 마음에서 느껴지면 그것을 몰아내려고 애썼습니다. 스스로 감정의 구분을 막고 긴장과 불안이라는 감정으로 몰아가고 싶어 했습니다.

'아직은 아냐. 지금은 긴장해야 돼. 조금만 더, 조금만 더 긴장하자.' 이런 식으로 그는 스스로 적극적으로 나서 불안과 긴장이라는 감정을 자신에게 습관화시키고 있었습니다. 일상의 소소한 행복감이란 자신의 길을 방해하는, 먹어서는 안 되는 독사과와 같은 것이었습니다.

준형 씨와 면담을 진행할수록 경쟁의 치열함과 긴장이 다른 감정들을 다 삼켜 버리고 불안이라는 감정으로 두루뭉술하게 합쳐질까 봐 걱정되었습니다. 만족을 느껴야 할 상황, 기뻐해야 할 상황이 와도 불안을 느낄까 봐 우려되었지요.

환자와 의사로서의 관계가 굳건하지 않은 초기에는 그의 요구에 반대하지도, 위험한 것임을 알리려 하지도 않았습니다. 섣부른 지적으로 치료 자체를 거부하는 사례를 많이 경험했기 때문입니다. 다만 공부할 때 나타나는 스트레스들에 대해 들어 주고, 병원이 그에게 조금이라도 스트레스를 풀 수 있는 곳이 되기를 바랐습니다.

사랑받기 위해
다이어트를 하는 여대생

그렇게 몇 달이 지났습니다. 다행히 준형 씨는 병원에 빠지지 않고 찾아왔습니다. 병원에 오는 것이 공부에 도움이 되지도 않았고 시간을 빼앗기는 것임에도 그는 병원에 와서 이런저런 이야기를 했고, 저에게 이야기하는 것만으로도 공부하는 데 도움이 된다고 했습니다.

그도 자신을 몰아붙이기만 하는 것보다 병원에 와서 이런저런 이야기를 하고 마음을 털어놓는 것이 공부하는 데 도움이 된다는 것을 어렴풋하게 알아 가는 것 같았습니다. 그때쯤 저와 그의 관계는 어느 정도 신뢰가 쌓인 상태였습니다.

감정은 습관이다

이제 때가 되었다고 판단한 저는 그동안 그에게 해 주고 싶었던 이야기를 들려 주었습니다.

"준형 씨, 제가 종합병원에 있을 때 보았던 환자 한 분의 이야기를 해 드리려고 합니다. 준형 씨와는 전혀 다른 질환으로 치료한 분이지만, 어떤 공통점이 있는지 한번 들어 보세요."

그에게 들려준 이야기는 앞에서도 잠시 설명했던 거식증에 걸린 환자의 이야기였습니다. 김해미 씨는 20대 초반의 여대생이었습니다. 160센티미터의 키에 체중은 25킬로그램 정도였습니다. 영양실조로 쓰러져 응급실로 실려 왔다가 정신과에 입원한 환자였습니다.

처음 면담하던 날, 침대에서 두려움 가득한 눈으로 저를 보던 그녀가 떠오릅니다. "저는 두유밖에 못 먹어요. 다른 음식을 먹으면 배가 아파서 견딜 수가 없어요." 영양소 결핍으로 생사마저 걱정되는 상황이었지만, 그녀는 혹시나 음식을 강제로 먹이지 않을까 하는 걱정이 먼저였습니다.

그녀는 배고픔과 배부름과 배 아픔을 구분하지 못했습니다. 음식이 조금만 위에 들어와도 불쾌하고 배가 아프다며 이내 토했습니다. 저는 그녀에게 그동안 왜 이렇게 음식을 먹지 않았는지 물어보았습니다. "날씬해지고 싶어요. 그래서 남들이 저를 좋아해 주면, 행복할 것 같아요."

해미 씨는 아직도 자신이 날씬하지 않다고 생각하는 신체 왜

곡망상이 심했습니다. 어쨌든 그녀가 극도의 다이어트를 선택한 이유는 행복해지기 위함이었습니다. 그것을 위해 일상에서 느껴야 하는 음식의 맛과 배부른 데서 오는 만족감을 포기했습니다. 그런 욕구를 탐욕스러운 것으로 치부했고, 기본적인 욕구와 만족감마저도 '악'으로 인식했습니다.

가족에게 물어 보니, 그녀도 처음부터 이렇게 극도로 마르고 싶어 하지는 않았다고 합니다. 다이어트를 시작할 때의 목표는 40킬로그램이었습니다. 몇 달 뒤 원하던 몸무게에 도달하자 그녀는 그동안 먹고 싶던 음식을 먹었습니다. 그러나 곧 토하고 말았지요. 배가 아프고 불쾌했습니다.

뇌가 이전에 먹었던 음식 맛을 잊기 시작해 음식이 배에 들어오는 포만감을 배가 아픈 느낌으로 잘못 해석하기 시작한 것입니다. 또한 40킬로그램이 되면 사람들이 자신을 좋아해 주고 행복해질 것이라 생각했으나, 현실은 그렇게 극적으로 바뀌지 않았습니다.

그녀는 더 말라야 행복해질 수 있다고 착각했습니다. 이후로 식욕도 잊고, 배부른 느낌도 잊고, 소소한 행복을 느끼려는 자신을 탐욕스럽게 몰아붙이며 금식이라는 습관을 덧씌우고 또 덧씌웠습니다.

감정은 습관이다

행복 거식증을
경계하라

이야기를 듣던 준형 씨가 무언가 알았다는 듯이 말했습니다.

"그렇군요. 그분이 거부한 음식의 맛과 배부른 느낌은 제가 거부하고 있는 일상의 만족감과 안식이군요. 제가 공부를 위해서 저를 다그치고 있는 것은, 그녀가 더 마르기 위해 필사적으로 다이어트를 하는 것과 같고요. 그녀는 행복을 위해 다이어트를 시작했는데 결국 행복이란 목표는 어느새 없어져 버렸고, 그저 금식이란 습관이 그녀를 삼켜 버렸네요."

준형 씨는 제 의도를 정확하게 짚었습니다. 한동안 생각에 잠겼던 그가 저에게 물었습니다. "그런데 그런 거식증은 치료를 안 하면 어떻게 되나요?" 저는 이렇게 대답했습니다.

"행복을 위해서 시작한 다이어트가 자기도 모르는 사이 지독한 습관이 되어 거식증이라는 병이 되었지요. 그 습관을 끊지 않는 이상 나중에는 맛난 음식을 먹어도 그 맛을 모릅니다. 그저 불쾌하다고만 받아들이지요. 주변에 있는 즐거움들을 모른 채, 잡히지 않는 허상만 좇다가 결국에는 죽겠지요."

"그렇군요. 제가 지금의 행복을 미루고 미루는 동안 저는 점점 행복이란 맛을 잃어버리겠네요. 그래서 나중에 큰 행복이 와도 그게 행복인지 모르고, 불쾌하게 받아들이고, 환상 속의 행복을 위해 다시 긴장과 불안함 속으로 들어가겠네요."

그는 울기 시작했습니다. 저는 그에게 음식 거식증이 있듯이 행복 거식증도 있다고 말했습니다. 그리고 그 행복 거식증에 걸리지 말라고 이야기했습니다. 현재의 작은 행복들을 두려워하지 말라고 말입니다.

"그동안 제 마음을 너무나 무시하면서 지내 왔네요." 그는 제 이야기를 진심으로 받아들였습니다. 이후 심리학책을 읽는 것이 준형 씨의 취미가 되었습니다.

한동안 병원에 오지 않던 그는 수개월 뒤 밝은 모습으로 진료실에 들어왔습니다. "요즘 공부가 잘돼요." 역시나 그는 공부 이야기로 대화를 시작했습니다. 하지만 표정은 무척 밝아 보였습니다. 여자 친구를 사귀고 있다고 했습니다. 그에게는 큰 변화였습니다. 좋아하는 여자가 생겨 용기를 내어 고백했는데 잘되었다며 밝게 웃었습니다.

그리고 무엇을 위해서 공부해야 하는지도 생각해 보았다고 합니다. 결국 자신의 행복과 가족의 행복을 위해 공부하는 것이니 이제는 행복을 죄악시하지 않겠다고 했습니다. 불안만이 습관화되지 않도록 일상의 만족과 기쁨을 소홀히 하지 않겠다고 말했습니다.

지금 이 순간, 행복하면 안 될 것처럼 자신을 채찍질하고 계신가요? 행복 거식증을 조심하십시오. 물론 긴장을 늦추고 되는

감정은 습관이다

대로 살라는 뜻은 아닙니다. 하지만 내가 가진 행복에 대한, 만족에 대한 욕구를 어느 정도는 인정하고 채워 주어야 합니다.

자신을 위하여 간단히 보상을 해 주세요. 내가 좋아하는 일이나 재미를 느끼는 취미에 시간을 할애하세요. 나를 몰아붙이지만 말고 칭찬하고 격려하세요. 또한 주위를 둘러보세요. 누구에게나 소소한 행복이 있습니다. 감사하고자 하면 일상의 모든 일이 감사합니다. 행복하고자 하면 그동안 당연하다고 생각했던 것에서 행복을 느끼게 됩니다.

작은 행복, 작은 즐거움의 소중한 가치를 잊지 마세요.

Chapter 2

"감정습관은
감정의 요요 현상입니다"

감정습관의 작동 방식

'완전히 반대에 있는 것은 서로 같은 것이다'라는 이야기가 있습니다.
극과 극은 서로 통한다는 이야기이지요.
감정도 그렇습니다. 감정습관은 하나의 감정으로만
지속되는 것이 아닙니다. 서로 반대라고 생각했던 감정으로
얼굴을 바꾸어 가며 그 습관을 유지합니다.

이번에는 드러나는 모습은 바뀌지만
실제로는 하나의 뿌리로 연결된 감정습관을 알아봅니다.

뇌는 왜
몸과 마음의 상처를
기억할까요?

10년 전 쯤 교통사고를 당한 분이 저를 찾아왔습니다. 당시의 충격으로 불안증이 생긴 것 같다고 했습니다. 그분은 스트레스를 받는 날이나 유독 더 불안해진 날에는 턱이 아프다고 했습니다. 사실 그는 불안보다도 거기에 수반되는 턱의 통증으로 더욱 힘들어 했습니다. 사고를 당했을 때 턱을 크게 다쳤는데, 지금은 통증을 느낄 만한 상처도 문제도 남아 있지 않지만, 그의 뇌는 불안이 올 때면 턱의 통증을 반복하고 있는 것입니다.

이렇듯 몸의 느낌이나 통증이 기억에 남아 반복되는 경우가 꽤 있습니다. 시린 이별을 통해 가슴 조임과 심장이 터질 것 같은 느낌을 느꼈다면 그때의 기억이 날 때마다 당시 느꼈던 고통스러웠던 신체 감각을 다시 느낄 수도 있습니다.

과거의 상처, 즉 트라우마로 고생하는 사람을 치료해 보면 이런 현상이 더욱 두드러집니다. 치료 중 과거의 트라우마를 다시 떠올리면 특징적인 신체 느낌이 동반되는 것이지요. 당시 상처가 있었던 부위가 다시 아파온다거나, 두통이 온다거나, 땀이 심하게 난다거나, 심장이 심하게 두근대는 증상들을 보입니다.

우리의 몸은 강한 스트레스를 받을 때 동반되었던 신체의 감각들과 느낌을 기억하며 그때와 비슷한 상황이 오거나 그때를 생각할 때면 그때의 감각 또한 반복하려 합니다. 스트레스를 받았을 때 몸의 느낌들도 습관이 된 것이지요.

이런 현상이 어떻게 가능한지 '교감신경계'라는 것을 통해 알아보겠습니다.

뇌가 기억하는
몸의 상처

교감신경계란 우리 몸의 비상 체계라고 생각하면 됩니다. 스트레스를 받으면 뇌는 몸 구석구석에 퍼진 교감신경계를 흥분시켜 위기에 대처하려 합니다. 즉, 교감신경계가 흥분하면 몸은 위기 상황에 맞게끔 변화하는 것입니다.

우리의 뇌는 아직도 원시인의 습성을 간직하고 있습니다. 그

감정은 습관이다

래서 위기라고 느끼면 원시 시대에 필요했던 대처 방식을 택합니다. 싸우거나 도망가는 것 둘 중 하나를 선택하는 것이지요. 다시 말해, 교감신경계가 흥분한다는 것은 싸우거나 도망가기 용이하게 우리 몸을 바꾸는 것을 의미합니다.

교감신경계가 흥분하면 힘을 쓰기 위해서 근육들이 긴장합니다. 근육에 산소 공급을 원활히 하기 위해서 심장이 빠르게 뛰고 혈압이 높아집니다. 적에게 잡히지 않기 위해 땀이 흐릅니다. 에너지를 근육에 동원해야 하므로 소화 기관에 혈액 공급이 부족해져 소화가 잘 되지 않습니다. 말초 혈관의 혈액도 부족해지므로 손끝과 발끝이 저리고 떨리기도 합니다. 근육이 긴장해 두통과 가슴 조임 등의 증상도 동반됩니다. 누구나 스트레스를 받을 때 이런 증상들 중 몇 가지는 경험한 적이 있을 겁니다.

결국 트라우마와 같이 극도의 스트레스와 연관된 기억을 떠올릴 때 당시와 비슷한 신체 감각을 다시 느끼는 이유는 트라우마 당시 극도로 흥분되었던 교감신경계의 상태를 뇌가 기억하고 있다가 반복하기 때문입니다.

마찬가지로 감정이 습관화되는 이유도 교감신경계로 설명할 수 있습니다. 교감신경계는 신체 증상뿐만 아니라 감정에도 직접적인 영향을 미치기 때문입니다.

교감신경계의 흥분도와
감정습관

잠시 다음 그림을 살펴봅시다. 세로축은 교감신경계의 흥분도를 나타냅니다. 즉, 위로 갈수록 교감신경계가 흥분된 상태를, 아래로 갈수록 안정된 상태를 뜻합니다.

평상시에는 교감신경계가 흥분하지 않기 때문에 안정된 상태를 유지하다가 스트레스가 오면 흥분하기 시작합니다. 흥분 정도가 a 이상으로 증가하면 가슴이 뛰고, 불안해지고, 땀이 나는 증상이 나타납니다(1번). 교감신경계의 흥분도가 a 이상으로 올라가지 않으면 자각 증상은 나타나지 않습니다(2번). 하지만 그 경우에도 내가 모르는 사이 교감신경계는 어느 정도 긴장했다 풀어진 것이지요. 교감신경계가 흥분하고 난 후 그것을 발생시킨 스트레스가 지나가고 나면 흥분도는 다시 아래로 떨어집니다.

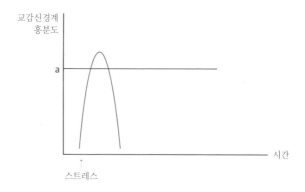

1) 증상이 나타나는 경우

감정은 습관이다

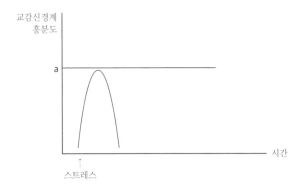

2) 증상이 나타나지 않는 경우

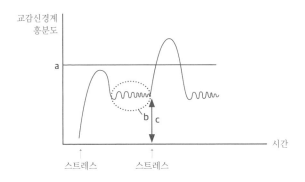

3) 평소 교감신경계가 긴장되어 있는 경우

하지만 스트레스가 자주 반복되는 상황이라면 교감신경계는 좀 다르게 반응하기 시작합니다(3번). 스트레스가 왔을 때 흥분도를 증가시켰다가 스트레스가 지나간 뒤에도 안정 상태로 돌아가지 않습니다. 스스로 인식하지는 못하는 수준이지만 흥분도를 기본적으로 높게 유지하게 되는 것입니다(b 상태).

몸의 입장은 이렇습니다. 위기가 자꾸 반복되니까 차라리 위기가 올 때 더 재빠르게 대처하도록 준비하는 것이지요. 이것은 결국 스트레스를 더욱 쉽게 느끼게 되었음을 의미합니다. 예전에는 a만큼 올라가지 못했을 자극들도 흥분도가 c 정도 있는 상태에서 시작하므로 이제는 a를 넘게 됩니다. 교감신경계가 스트레스에 더욱 민감하게 반응하게 된 것이지요. 즉, 스트레스를 자주 받는 사람은 다음엔 더 쉽게 스트레스를 느낀다는 것입니다.

격한 감정도 스트레스의 일종입니다. 격한 감정을 보일 때 교감신경계는 흥분합니다. 스트레스를 자주 받은 사람이 더 쉽게 스트레스를 느끼듯, 격한 감정을 자주 느끼는 사람도 다음번엔 더욱 쉽게 격한 감정이 발생합니다.

가령 불안을 자주 느껴서 교감신경계가 흥분된 채로 유지되는 사람은 교감신경계가 민감해져 있기 때문에 자그마한 자극에도 불안을 쉽게 느낍니다. 그런 후엔 이 새로운 불안이 또 다른 스트레스로 작용하여 교감신경계를 더욱 긴장시킵니다. 그 결과, 더 작은 자극에도 더 쉽게 불안을 느끼게 되겠지요. 악순환이 되는 것입니다. 바로 이런 악순환의 고리가 감정습관을 만들어내는 중요한 기전이 됩니다.

발표 상황, 폐쇄 공포 등등 특정 상황에 대한 불안이 자주 반복되면 상황과 관계없이 불안이 점점 더 쉽게 발생하고, 일상생활 내내 습관이 되는 이유도 이것으로 이해할 수 있습니다.

감정은 습관이다

여기서 살펴보아야 할 중요한 점이 더 있습니다. 교감신경계는 감정의 종류에 따라 일일이 다른 반응을 나타내지는 않습니다. 물론 우울, 불안, 외로움, 공포, 분노 등에 따라 조금씩의 차이는 있겠지만 각각에 전혀 다른 반응을 보이는 것은 아닙니다. 그저 어떤 감정이든 격해지면 교감신경계는 흥분된 쪽으로 갑니다. 교감신경계는 감정의 종류보다는 그 감정이 주는 자극의 정도에 더 예민하게 반응하는 것입니다.

불안이라는 감정은 교감신경계를 흥분시킵니다. 불안이 오래 지속되거나 반복되면 교감신경계의 흥분 상태도 오래 지속됩니다. 뇌는 그렇게 긴장한 상태를 정상으로 인식합니다. 그리고 그 상태를 가능한 한 유지하려고 합니다. 감정습관이란 몸의 입장에서 보면 교감신경계의 과도한 흥분이 정상인 양 표준이 되어 버린 것입니다.

역시나 뇌는 익숙해진 교감신경계의 흥분을 유지하려고 나를 속이고 교묘한 수단을 동원할 것입니다. 불안을 찾아 헤매이고, 생각들을 왜곡할 것입니다. 그런데 뇌가 사용하는 속임수 중의 속임수가 있습니다. 바로 감정의 종류만 살짝 바꾸는 것입니다.

물론 불안이 습관화되었다면 다시 불안을 느끼는 것이 가장 익숙하겠지만, 그게 여의치 않다면 뇌는 다른 감정이라도 격하게 만들어서 교감신경계의 흥분도를 유지하려고 합니다. 감정의 종류보다는 감정의 자극 정도가 교감신경계의 흥분을 유지하는 데 더 중요하기 때문이지요.

뇌는 불안이나 우울 혹은 공포, 분노 등 어떤 감정이든지 이용하려고 합니다. 그저 교감신경계를 자극할 무언가가 필요한 것입니다. 이전 감정과 같은 종류라면 더할 나위 없겠지만 상황에 따라 더 취하기 편한 감정을 선택할 것입니다. 꿩 대신 닭일지라도 이전에 흥분됐던 것과 비슷한 자극의 크기를 주는 감정을 찾겠지요.

불안에서 우울로,
얼굴만 바꾼 감정습관

24세의 정미래 씨는 알 수 없는 불안 증상 때문에 병원을 찾았습니다. 무슨 일이 생길 것 같아서 잠시도 마음이 편하지 않았습니다. 다리를 건널 때면 다리가 무너질 것 같고, 차를 타면 교통사고가 날 것 같았습니다. 조금만 더러운 것을 봐도 병이 옮을까 봐 걱정이 되었습니다. 이렇게 잠시도 멈추지 않는 불안이 그녀를 괴롭혔습니다.

미래 씨에게는 남자 친구가 있었습니다. 그녀는 불안해질수록 남자 친구에게 더욱 의존했습니다. 남자 친구에게 수시로 전화하고, 그와 떨어진 것을 참지 못했습니다. 그래서인지 안타깝게도 남자 친구는 그녀를 떠났습니다.

　　　　　　　　　　　　감정은 습관이다

그러고 나자 그녀의 증상에 변화가 왔습니다. 이번에는 우울 증이 심하게 온 것입니다. 불안감이 아주 사라진 것은 아니었지만, 불안보다는 슬픔과 허무함 등이 그녀의 마음을 뒤덮었습니다. 그녀는 이렇게 말했습니다. "제 병이 바뀐 것 같아요. 불안은 이제 나은 것 같은데, 우울해서 견디기가 힘들어요."

미래 씨의 말대로 불안증이 치유되고 우울증이 새로 온 것일까요? 물론 진단을 내리자면 그럴 수도 있습니다. 하지만 조금 더 큰 관점으로 바라본다면 이전의 불안이 모습을 바꾸어 우울증이 된 것일 뿐, 그녀 마음 안의 감정습관은 그 맥을 유지하고 있는 것입니다.

그녀에게 가해졌던 스트레스는 그 크기를 유지한 채 모습만 바꾸었습니다. 이런 상태라면 그녀의 우울은 어느 순간 다시 불안으로 변모할 수도 있고, 또는 분노로도 그 모습을 바꿀 수 있습니다. 그러므로 불안, 우울, 분노 등 각각에 맞는 치료도 중요하지만 몸이 기억하는 교감신경계의 흥분도 역시 중요하게 다루어야 합니다. 교감신경계를 안정시키지 못하면 감정은 모습만을 바꾸어 가며 마음에 상처를 계속 남길 것이기 때문입니다.

이제부터 생각지도 못한 모습으로 변화하는, 그래서 교묘하게 우리를 속이는 감정습관과 마주해 봅시다.

교묘하게
얼굴을 바꾸는
감정들

그는 참 고급스러운 옷을 입고 진료실로 들어왔습니다. 잘생긴 외모, 럭셔리한 옷차림의 그는 성공한 40대 사업가였습니다. 1년 전, 이후종 씨는 그렇게 저를 찾아왔습니다.

"모든 것이 무섭고, 두렵습니다." 그의 입에서 나온 첫마디는 그의 인상과 참으로 동떨어져 보였습니다. 사회적으로 승승장구하던 그는 몇 주 전 갑작스럽게 생겨난 불안으로 인해 회사 일을 할 수가 없다고 말했습니다.

"제가 하는 일이 어느 순간 망할 것만 같고, 그렇게 되면 제 가족들과 전 어떻게 살아가야 하나 무섭습니다. 아무것도 손에 잡히지 않고 예전의 나 같지도 않아서 너무 혼란스러워요."

감정은 습관이다

떨리는 목소리와 창백한 표정으로, 가능한 한 빨리 치료해 주기를 바라는 절박한 모습이었습니다.

남부러울 것 없는
그를 덮친 불안

후종 씨는 1남 3녀 중의 막내로 태어났습니다. 비록 가난했지만 귀한 막내아들로 귀여움을 독차지하면서 자랐습니다. 사랑을 한 몸에 받은 그는 어려서부터 잘해야 한다는 부담 또한 많았습니다. 부모는 그가 남들보다 뛰어나기를 간절히 바랐습니다.

천성적으로 순하고 순종적이었던 그는 그런 부모의 기대를 저버리지 않기 위해 어렸을 때부터 노력하고 또 노력했습니다. 나름대로 열심히 해서 괜찮은 성적표를 받아 왔지만, 부모는 만족하지 않았습니다. "더 열심히 해서 1등을 해야 한다."

그는 자신을 더욱 채찍질했습니다. 부모를 만족시키기 위해 잠을 줄이고 하고 싶은 것들도 줄였습니다. 친구와 마음 놓고 어울리지도 못했습니다.

그렇게 그는 자랑스러운 아들이 되었습니다. 일류대에 입학하고, 장학금을 받으며 학교를 다니고, 졸업 후에는 자신만의 사업을 시작해서 성공했으며, 괜찮은 집안의 여자와 결혼해서 아들도 낳았습니다.

그렇게 그는 남부러울 것 없는 사람이 되었습니다. 아니, 피나는 노력으로 남들이 부러워하는 조건을 가진 사람이 되었습니다. 하지만 정작 후종 씨 자신은 행복하지 않았습니다. 무언가 허무하고 마음 한편으로 조급했습니다. 기쁜 일이 많지 않았습니다. 사업이 아주 잘 됐다든가 남들이 놀랄 만한 무언가를 해냈을 때에만 잠시 뿌듯함을 느꼈습니다.

그에게 일상의 소소하고 작은 재미들이란 의미도 없고 알고 싶지도 않은 하찮은 것들이었습니다. 그러던 중 전반적인 경기가 안 좋아지자 갑작스러운 공포가 그를 덮쳤습니다.

'아, 내가 망하면 어떡하지? 내가 망하면 남들이 나를 무시하고 비웃을 거야. 부모님은 크게 실망하시겠지.' 그렇게 며칠 밤이나 자지도 못하고 불안에 떨다가 결국 병원을 찾은 것입니다.

의욕이 생겼다고
다 나은 건 아니다

후종 씨는 우울감과 불안, 자존감의 저하가 심한 상태였습니다. 그래서 그에게 항불안제와 항우울제 약물 치료를 시작했습니다. 그렇게 치료를 시작한 지 2~3주 정도 되어 면담을 서너 번 했을 때였습니다.

"선생님 이젠 다 나은 것 같습니다. 선생님 덕분입니다." 그는

감정은 습관이다

이제 병이 다 나았다고 스스로 판단하고 있었습니다.

아직 약효가 충분히 나타날 기간도 되지 않았고 면담 치료가 심도 깊게 진행된 것도 아니기에 저는 속으로 걱정하였습니다. 조금 좋아졌다고 느끼면 자의로 병원에 오는 것을 그만두었다가 결국 더 악화되는 환자들이 많았기 때문입니다. 그에게 어떤 부분들이 좋아졌는지 구체적으로 설명해 달라고 말했습니다.

"다시 의욕이 생겨요. 이렇게 쉬고 있는 것이 참 바보처럼 느껴지고요. 지금보다 더 열심히 하면 사업도 더 잘될 겁니다. 그동안 쉰 걸 만회하려면 더 치열하게 일해야겠어요."

그는 이제 더 이상 불안에 떨며 패배자처럼 멈추어 있을 수 없다고 했습니다. 병원에 와서 제 말을 듣고 많은 힘을 얻었다고 했습니다. 저는 어서 빨리 일어나서 일해야 한다는 말은 한마디도 하지 않았는데 말이지요. 부모님 앞에서 착한 아들로 칭찬받았던 것처럼, 저에게도 금방 좋아지는, 그래서 칭찬받을 만한 환자가 되고 싶었나 봅니다.

그가 다시 일하려는 의욕을 보이고 우울감도 상당히 호전된 상태였기에 다행스러운 일이기는 했습니다. 그는 자신이 병원에 찾아온 목적을 이루었기에 치료가 잘되었다며 저에게 고맙다고 했습니다. 그러나 저는 기쁘지 않았습니다. 제가 보기에 그의 마음은 치유된 것이 아니었습니다.

어린 시절부터 계속된
감정습관

어린 시절부터 부담감과 긴장 속에서 지내 온 그의 마음은 이미 불안에 습관화되어 있습니다. 그는 불안을 나쁜 것으로 생각하지 않았습니다. 오히려 나태해지지 않고 계속해서 앞으로 나아가게 해 주는 좋은 친구로 여겼습니다. 불안이란 것이 자신의 마음속에 깊게 자리 잡음으로써 행복이 있을 자리를 갉아먹는 것은 몰랐습니다.

후종 씨의 교감신경계는 어려서부터 이런 긴장감으로 항시 흥분되어 있었습니다. 이렇게 흥분된 교감신경계는 경기가 안 좋아지자 '사업이 안 되면 어떡하지?'라는 자극을 받아 잠시 얼굴을 바꾸었습니다. 바로 공포와 우울, 극심한 불안 증상으로 말이지요.

그의 마음의 문제는 최근에 생긴 것이 아니라 어려서부터 시작된 것입니다. 어려서부터 친구처럼 여긴 긴장감과 부담감, 그리고 이번에 보인 극심한 불안과 공포는 결국 하나의 감정습관입니다.

어쩌면 이번에 나타난 불안과 공포는 그의 마음이 보낸 구조요청인지도 모릅니다. '사실은 나 지금 힘들어. 이제는 여유도 가지고 편안함도 느끼면서 살자.' 그의 마음은 이렇게 말하고 싶었는지도 모릅니다.

하지만 그는 또다시 이런 본질적인 요구를 못 본 척한 채 이전의 감정습관과 타협했습니다. '더 열심히, 더 치열하게 일해서 더 크게 성공하자.'라는 그럴듯한 모습으로 바꾼 채, 감정습관은 그에게서 한 발짝도 떨어지지 않았습니다. 아마 수시로 공포, 분노, 우울 등으로 겉모습만 바꾸어 가며 그를 괴롭힐 것입니다.

자극적이지 않은 행복을 찾아야 한다

후종 씨에게 필요한 것은 무엇일까요?

우선 성공에 대한 부담감에서 벗어나야 합니다. 남들이 인정하고 칭송할 만한 성과를 거두었을 때만 기쁨을 느끼고 안심하는 것은 어린 시절 부모의 기대대로 따라야 한다는 부담감에서 시작한 것입니다. 사실 이것이 그의 감정습관을 만들어 낸 출발점이었습니다.

그는 부모가 자신에게 기대했던 가혹한 기준을 자신의 마음속에 그대로 내재화하고 있습니다. 이제는 옆에서 누가 그런 부담을 주지 않고 강요하지도 않음에도 그 기준을 이루지 못하는 자신을 패배자로 몰아붙이는 것이지요.

따라서 그가 가장 먼저 고쳐야 할 부분은 행복에 대한 높은 기준입니다. 대단한 성공을 이루어야만 행복할 수 있다는 생각을 바꾸어야 합니다. 그렇지 않으면 항상 부담과 긴장감 속에서 살아야 합니다. 그는 이런 긴장감과 부담을 좋은 친구처럼 생각했지만, 어느 순간 그 친구는 자신을 괴롭히는 적이 되었습니다.

저는 후종 씨에게 큰 성공도 중요하지만 일상의 즐거움들이 주는 작은 행복감을 꼭 찾아야 한다고 말했습니다. 그는 "저는 작은 것에 만족하기 싫습니다. 큰 성공을 해서 더 큰 행복을 느껴야지요. 또 저한테는 충분히 그럴 능력이 있다고 믿습니다. 왜 저를 나약하게 만들려는 겁니까?"라고 물었습니다.

짜게 먹는 사람이 싱거운 맛을 참지 못하고 자극적인 짠맛을 느낄 때만 음식이 맛있다고 생각하듯이, 그는 강력한 성공이나 결과물을 이룰 때에만 자신이 행복하다고 느꼈습니다. 자극적인 감정에 익숙해져 있었고, 성공도 자극적인 정도를 원했지요.

그러나 바로 그것 때문에 일이 잘 안 될 때에는 반대로 심한 공포와 불안이 나타났습니다. 극에서 극으로 움직이는 그의 감정습관 때문입니다. 극과 극이 아닌 그 사이에 있는 작은 즐거움과 행복을 발견해야 합니다.

다행히 후종 씨는 치료하면서 가족 안에서의 행복을 찾기 시작했습니다. 과거의 그는 부모는 자신이 만족시켜야 할 어려운 존재였고, 부인과 자녀는 자신이 책임져야 할 부담스러운 존재로만 여겼습니다. 하지만 실은 자신이 그 관계 안에서 얼마나 많은 즐거움과 행복을 받았는지 알아 갔습니다.

감정은 습관이다

자신이 반드시 큰 성공을 하지 않아도 가족들은 항상 자신 편이고, 애정도 변치 않을 것이라는 확신이 들자 자극적인 감정을 찾던 그의 습관이 바뀌기 시작했습니다. 그는 이제 일이 좀 잘되지 않더라도 크게 불안해하지 않습니다. 자극적인 쾌감을 위해 채찍질하던 것을 멈추자 주위에 즐거운 풍경들이 참 많다는 것도 알았습니다.

우리가 느껴야 할 즐거움이나 행복도 이와 같습니다. 무언가 크게 좋은 일이 터져야 즐거울 수 있다는 생각을 버리십시오. 찾아보면 우리 주위에는 작지만 소중한 행복들이 많습니다. 지금 이 순간에도 작은 행복들이 맛도 느끼지 못한 채 지나가고 있습니다.

다음 글에서 또 다른 환자의 예를 통해 작은 행복들의 소중함과 그것을 느끼는 방법에 대해 살펴보겠습니다.

우울과 쾌락
사이를 오가는
롤러코스터

40대 주부 이소영 씨에게는 초등학교에 다니는 두 딸이 있습니다. 그녀의 걱정은 지적 장애가 있는 초등학교 1학년 작은딸에게 온통 쏠려 있습니다. 작은딸은 현재 특수학교에 다니고 있는데, 학교생활에 적응도 잘하지 못하고 폭력적이며 충동적인 면이 있습니다.

처음에는 그저 말이 늦은 아이인 줄로만 알았다고 합니다. 하지만 점차 아이에게 이상 징후가 나타났습니다. 소영 씨는 아이에게 도움이 된다는 것은 무엇이든 찾아다녔습니다. 자신이 임신했을 때 무언가 잘못해서 이렇게 되었다는 자책감에 단 하루도 마음 편한 날이 없었습니다.

마음만 아팠던 것이 아닙니다. 막중한 스트레스는 그녀의 몸에도 영향을 미쳤습니다. 며칠에 한 번씩 조절되지 않는 두통에 시달렸고, 가슴이 조여 오며, 손발이 저리고, 얼굴이 달아오르는 증상이 따라다녔습니다.

아이의 지능이 좋아질 수 있다는 말에 소영 씨는 누가 보기에도 황당한 민간요법까지 동원해 보았습니다. 하지만 그런 과정을 통해 오히려 아이의 지능을 더 이상 올릴 수 없다는 것을 깨달았고 결국 인정했습니다. 그리고 지금 여건에서 아이가 잘 적응하고 최대한 능력을 발휘하게 해 주는 것이 현실적인 선택임을 받아들였습니다.

그녀는 아이가 일반 학교에 다닐 수 없음을 인정한 후, 특수학교에 입학시켰습니다. 그 시점에서 저를 찾아왔습니다. 욕심을 내려놓고 마음을 다잡으려고 해도 불안, 우울, 두통, 가슴 조임, 손발 저림, 얼굴 화끈거림의 증상은 나아질 기미가 없었기 때문입니다.

우울감만 벗어나면
괜찮을까

소영 씨는 우울증이었습니다. 그것도 기간이 아주 오래된 만성 우울증이지요. 앞으로 자신은 행복해질 수 없을 거라는 그녀의 말은 저에게도 참 아프게 와닿았습니다.

그녀는 몸도 마음도 지쳐있었습니다. 마음도 마음이지만, 몸에 나타나는 스트레스성 반응들, 두통, 가슴 통증 등은 교감신경계가 과도하게 활성화된 채로 유지되었다는 것을 보여 줍니다. 그녀의 마음은 우울에, 그녀의 몸은 과도한 긴장 상태에 습관이 들어 있었습니다.

일단 항우울제를 처방하고, 면담 치료를 시행하였습니다. 그녀에게도 행복과 만족, 감사함이란 것이 찾아오기를 바랐습니다. 치료한 지 한 달 정도 지나자 증세가 호전되기 시작했습니다. 우울감이 조금 나아지고 자신을 자책하던 습관도 줄어든 듯했습니다. 그때 그녀가 저에게 이렇게 이야기했습니다.

"선생님, 저도 이제 베풀며 살아야겠어요. 저보다 못한 사람들도 많잖아요. 봉사하는 것이 도움이 될까요?"

저는 동의했습니다. 남을 돕는 만큼 자존감을 높이고 행복을 주는 것도 없으니까요. 그 안에서 감사함을 발견하고 우울증을 극복하기를 응원했습니다.

그리고 또 한 달이 지나자 그녀에게는 많은 변화가 있었습니다. 하루가 다르게 활기가 넘쳤습니다. 가난한 아이들에게 무료로 과외를 해 주었고, 교회에 나가 온갖 봉사 활동에 참여하며 지냈습니다. 그러면서 딸아이 학교 일도 나서서 했습니다. 누가 봐도 과도하게 무리하고 있었습니다.

"너무 할 일이 많아요. 감사할 일도 많고요. 너무 좋아요. 앞으로 이렇게만 하면 얼마나 좋을까 하는 희망이 생깁니다."

소영 씨는 증상이 좋아졌다며 저에게 고마워했습니다. 그녀의 가족들도 그녀가 활기에 넘치고 더 이상 우울해 보이지 않는다며 다행이라고 했습니다. 너무 무리하는 것 같아 걱정된다고 했지만, 가족들은 그녀가 이제 우울증과 불안증, 스트레스에서 벗어난 것으로 생각했습니다.

여전히
몸이 아픈 이유

하지만 소영 씨의 신체 증상은 하나도 좋아지지 않았습니다. 간헐적인 두통은 여전히 그녀를 힘들게 했고, 이유 없이 나타나는 얼굴 화끈거림과 열감도 여전했습니다. 가슴 조임과 통증, 손발 저림으로 잠들지 못하는 날도 많았습니다.

"마음은 이제 괜찮은데 왜 제 몸은 여전히 아픈 걸까요? 몸만 괜찮으면 정말 좋겠는데요."

그녀가 물었습니다. 저는 그녀에게 너무 무리하는 것 같으니 일을 줄이고 몸을 좀 쉬게 해야 한다고 이야기했습니다. 그녀도 자신이 과도하게 무리하고 있다는 사실을 어느 정도 인정했습니다. 일을 줄이고 봉사 활동도 자신이 감당할 수 있을 정도로 하겠다고 했습니다. 그렇지만 그 후로도 그녀는 활동량을 줄이지 못하고 여전히 무리했습니다.

"왜인지 모르겠어요. 가만히 있으면 너무 불안해요. 무언가 해야 마음이 놓이고 편안해져요. TV를 봐도 재미가 없고, 일상생활에서 얻는 기쁨을 모르겠어요. 봉사하고 미친 듯이 일해야 행복하고 기분이 좋아져요. 편하게 있으면 다시 옛날의 우울증으로 돌아갈까 봐 두렵습니다."

그녀는 아직도 감정습관이라는 덫에서 벗어나지 못하고 있었습니다. 병원에 다니고 약을 먹고 상담하면서 우울감은 호전되었지만, 그 본모습은 결국 얼굴만 바꾼 채 아직도 그녀에게 달라붙어 있는 것입니다. 몸의 긴장도를 과하게 유지하고, 자신을 학대하듯 일할 때만 그녀는 편안했습니다. 그녀의 뇌는 기쁨이든 슬픔이든 자극이 강한 감정이 필요할 뿐입니다.

소영 씨에게 이를 설명하기란 참으로 어려운 일이었습니다. 몇 년 만에 처음으로 행복해졌다고 믿는 사람에게 아직 완전히 치료된 것이 아니라는 말은 받아들이기 어려울 것입니다. 그리고 그녀는 지금의 과도한 봉사 활동 등을 포기하지 않으려 할 것입니다.

오히려 이 의사는 내가 행복해지는 것을 반기지 않는 것 아닌가 의심도 할 것입니다. 그렇게 병원에 계속 오게 하려는 건 아닌가 하고 말이지요.

감정은 습관이다

자극적인 쾌감과
행복감의 차이

그러던 어느 날 그녀가 매우 상기된 표정으로 예약일보다 며칠 일찍 병원을 찾아왔습니다. 남편과 대판 싸웠다고 했습니다.

부부 싸움이야 있을 수 있는 일이지만, 그날은 너무도 화가 나서 남편에게 심한 말도 하고 물건도 집어 던졌다고 합니다. 그녀는 그렇게 행동한 것을 자책하고 크게 후회하고 있었습니다. 도저히 자신을 이해하기가 어렵고, 열심히 쌓아 올린 것이 또다시 무너진 느낌이라고 했습니다.

이 일을 계기로 그녀는 감정습관에 대해 인정했습니다. 최근 흥분되어 있던 상태가 그저 에너지 넘치고 즐거운 것인 줄 알았는데, 이렇게 분노라는 다른 감정으로 돌변할 수 있다는 것을 가슴 깊이 이해했습니다. 이제는 나아졌다고 믿었지만 결국 모습만 변한 채 이전의 긴장과 치열함에 둘러싸여 있다는 것에 동의했습니다.

소영 씨의 가장 중요한 문제는 무엇일까요? 극도의 불안과 죄책감, 우울감에 익숙해져 있던 그녀는 역시나 그 정도의 자극적인 성취감과 보람을 원했습니다. 큰 자극이 왔을 때에야 큰 기쁨이 따랐습니다.

사실 그것은 행복감이라기보다는 쾌감이라고 해야 맞을 듯합니다. 몸과 마음도 그 쾌감에만 반응했습니다. 그녀에게는 소소한 일상의 행복이 너무도 부족했습니다. 자극의 크기가 크지 않으면 설사 좋은 일이 있더라도 만족감을 느끼지 못했으며, 허전하고 무언가 불안한 느낌만 들었던 것입니다.

우리는 행복이라고 하면 정도의 차이일 뿐 같은 것이라고 생각합니다. 하지만 소소한 행복과 자극적인 쾌감은 그 성질 자체가 다릅니다. 소소한 행복이란 의학적으로 뇌에서 세로토닌이라는 물질이 나오는 것이고, 자극적인 쾌감은 뇌에서 도파민이란 물질이 나오는 것입니다. 이 차이는 뒤에서 자세하게 설명하겠습니다.

일단 여기서는 소영 씨가 일상의 소소한 행복을 느끼지 못한다는 점에 초점을 맞추어 보겠습니다. 소소한 행복이란 그녀가 찾아다닌 자극적인 행복, 쾌감과는 질적으로 다릅니다. 그녀는 작은 크기의 감정 그 자체를 잊고 지내는 것입니다. 그저 불행과 행복 양극단에 있는 감정만을 인식하고 그 중간에 존재하는 수많은 감정은 뇌에서 인식하지 못하는 것입니다.

마음과 감정을
관찰하고 음미하기

극과 극이 아닌 은근한 즐거움을 발견하기 위해서는 자신의 마음을 관찰해야 합니다. 음식을 먹을 때 서둘러서 그냥 넘기지 말고, 오래 씹으며 집중하고 찬찬히 음미하면 그 안에 숨은 맛을 발견할 수 있지요. 마찬가지로 우리의 마음과 감정도 그렇게 집중하여 관찰하고 음미해 보는 것입니다.

그녀가 봉사 활동을 하겠다고 했을 때 그를 통해 얻기를 바랐던 것은 자존감과 감사하는 마음이었습니다. 이것은 자극적인 감정들이 아닙니다. 봉사할 때 이런 감정이 분명 그녀의 마음에 스쳐 갔을 것입니다. 다만 그녀가 알아채지 못했을 뿐이지요.

숨어 있던 감정의 존재를 인식하고 그 안에도 만족이 있고 행복이 있다는 것을 인식할 때, 극단으로 왔다 갔다 하던 그녀의 마음은 중심을 잡을 것입니다. 그때가 되어야 그녀는 감정습관이라는 덫에서 벗어날 수 있겠지요.

우선 과외를 줄이라고 했습니다. 자신이 감당할 수 있을 정도로 주변 일을 정리하고 성과나 겉으로 보이는 결과에서 행복을 찾으려 하지 않도록 했습니다. 그저 자신이 무언가 할 수 있고 타인에게 도움이 된다는 사실에 감사하고 즐거움을 느껴 보라고 했습니다. 그리고 하루를 마감할 때, 마음과 몸의 미세한 변화를 관찰하라고 했습니다(구체적인 방법은 챕터 5의 '소소한 감정에 익숙해지세요' 참조).

몇 달 뒤 부드러워진 표정으로 그녀가 이야기했습니다. "마음이 참 편안합니다."

예전보다 돈도 적게 벌고 아이들 성적이 더 오른 것도 아니지만, 그녀의 자존감은 크게 향상되어 있었습니다. 베푼다는 것, 봉사한다는 것의 충만감을 느끼기 시작한 것이지요. 작은딸을 보아도 한숨이 나오기보다는 감사함이 앞선다고 했습니다. 물론 그녀의 신체 중상도 말끔히 나아있었습니다.

스트레스를
해소한다는
착각

좀 새삼스럽기는 하지만 스트레스의 정의에 대해 잠시 살펴보겠습니다.

스트레스란 '고통이든 쾌락이든 신체 기관(머리부터 발끝까지)에 부담을 주어 신체나 정신의 균형이 위협받는 상태로, 재적응을 필요하게 만드는 자극에 대한 신체의 비특이적인 반응'을 말합니다(대한신경정신의학회 자료).

스트레스는 기분 나쁜 고통만을 의미하지 않습니다. 쾌락과 흥분 같은 자극의 양이 높은 즐거움도 스트레스가 되는 것입니다. 실제 홈스 Holmes 와 라헤 Raphe 가 조사한, 일생을 살아가면서 받는 가장 큰 스트레스 사건 열다섯 가지를 살펴보면, 그 안에는 결혼, 임신, 출산, 배우자와의 재결합과 같이 기대와 흥분, 쾌감을 동반하는 사건들이 들어 있습니다.

쾌감 역시 스트레스로 작용할 때는 교감신경계를 자극하고 몸을 긴장시킵니다. 이렇게 흥분된 교감신경계는 앞에서 보았듯이 언제라도 불안, 분노, 우울, 신체적 통증 등으로 쉽게 변화할 수 있습니다.

고등학교 졸업식은 참 기쁜 날입니다. 그동안 공부와 여러 가지 제약 때문에 고생했던 환경에서 해방되는 시간이기도 하고, 동시에 새로운 세상으로 나아가는 출발점이 됩니다. 가족들과 주위 사람들이 축하해 주며, 친구들과 어울려 기쁨을 느낍니다.

그런데 이런 졸업식 날 사고 또한 많습니다. 싸움이 빈번히 일어납니다. 친구끼리 혹은 모르는 사람과 시비도 잘 붙습니다. 졸업식 날 기분 좋게 시작한 하루를 고통과 분노로 마감하는 사람들이 많습니다. 이런 현상은 우리나라에만 국한되는 것이 아니라 세계 공통적인 일입니다.

자신이 응원하는 팀이 중요한 경기에서 승리하는 경우는 어떻습니까? 2002년 우리나라 축구 국가대표 팀이 월드컵에서 기적과 같은 승리를 거두며 4강까지 가는 동안, 우리는 쾌감과 환희에 찼습니다. 그러나 그런 짜릿한 승리를 거둔 날, 싸움과 사건 사고도 많았습니다.

외국 팬들도 마찬가지입니다. 홀리건이라고 부르는 스포츠 광

감정은 습관이다

팬들은 경기에서 이긴 날 축하연을 하다가도 쉽게 난동을 부리고 폭력적인 모습을 보입니다.

그렇다면 이런 현상들은 마음의 어떤 특성을 알려 주는 것일까요? 바로 자극적인 쾌감은 나도 모르는 사이 스트레스로 작용해서 교감신경계를 흥분시킨다는 것입니다. 또한 교감신경계의 흥분은 불안, 우울, 분노 등의 증상으로 쉽게 바뀔 수 있다는 것입니다.

그는 정말 스트레스를 '해소'하고 있을까

30대 회사원인 주태진 씨가 저를 찾아온 이유는 너무 쉽게 화가 난다는 것이었습니다. 남들이 보기에 별것 아닌 것에도 분노가 치밀어 올라 견딜 수 없다고 했습니다. 쉽게 욕을 하고 거친 행동들도 나타났습니다.

가령 운전을 하다가 다른 차가 끼어들면 화가 나서 얼굴이 벌개지고 욕이 튀어나왔습니다. 병원에 온 첫날도 분명 자신이 엘리베이터에서 먼저 내렸는데 다른 사람이 앞질러 병원에 들어와 자신이 뒤로 밀렸다며 짜증 난 모습을 보였습니다.

그의 말로는 몇 년 전까지는 이러지 않았다고 합니다. 원래는 그럴 수도 있지 뭐, 하고 넘어갔을 일들이라고 했습니다. 그는 성격 자체가 문제라기보다는 '화'라는 감정습관이 문제인 듯했습니다. 그에게 자꾸 짜증이 나는 근본적인 이유는 무엇인지 물어보았습니다.

"몇 년 전부터 회사에서 스트레스가 너무 많아요."

회사에서 영업을 담당하고 있는 그는 몇 년 전부터 경기가 안좋아지고 실적이 잘 나오지 않자 스트레스가 많았겼고, 회사에서의 압박도 심한 상태였습니다. 그가 보이는 증상의 많은 부분은 업무 스트레스의 영향인 듯했습니다. 극심한 업무 스트레스로 인해 교감신경계가 흥분된 상태를 지속하다가 작은 자극에도 화라는 감정으로 폭발하는 것입니다.

그런데 그에게는 다른 문제도 있는 듯 보였습니다. 바로 그가 스트레스를 해소하는 방식입니다. 그는 회사에서 받은 스트레스를 풀기 위해 나름대로 많은 노력을 하고 있다고 했습니다. 자기 나름대로 스트레스를 풀지 못했다면 큰 병에 걸렸을 거라고도 했습니다.

그의 첫 번째 스트레스 해소법은 술이었습니다. 퇴근 후 친구들과 어울려 술 마시는 것이 큰 낙이었습니다. 그러다 보니 주량이 점점 증가하고 과도한 음주 행태가 생겨났습니다.

두 번째는 스포츠 활동에 몰두하는 것입니다. 그는 취미로 주말에 배드민턴을 치고 있었습니다. 땀이 뻘뻘 나고 쓰러질 듯 숨이 찰 정도로 운동을 했습니다. 또 시합하면서 동호인들끼리

감정은 습관이다

내기를 하는데, 스트레스를 잊기 위해 그 내기에 심하게 몰두한다고 했습니다. 그래서 경기를 이기면 그 짜릿함에 스트레스가 풀리는 것 같다고 했습니다. 물론 진 날은 화가 나서 견딜 수 없었습니다.

그는 또한 야구광이었습니다. 자신이 응원하는 팀이 이기고 지는 것을 보며 자신이 그 팀의 선수라도 된 것처럼 기분이 좋았다가 슬퍼지곤 하였습니다. 그는 회사 일을 잊게 해 줄 무언가를 더 찾아야겠다며, 승패에 따라 돈을 받는 스포츠 복권에 몰입해 봐야겠다고 했습니다.

아마 이쯤에서 독자분들도 눈치챘을 겁니다. 그에게 '화'라는 긴장감과 흥분 상태는 '스트레스 해소법'이라는 이름으로 얼굴만 바꾼 채 유지되고 있다는 것을요.

그렇습니다. 그는 스트레스를 풀고 있는 것이 아닙니다. 스트레스로 인해 과도한 흥분 상태가 습관화된 그의 교감신경계는 그가 쉬어야 할 시간에도 쉬지 못하게 하고 그 긴장감을 유지하려고 합니다.

술이라는 자극과 경쟁적인 상황은 그의 교감신경계의 과도한 흥분을 유지해 주었습니다. 그렇게 교감신경계는 회사에서든 집에서든 흥분 상태였습니다. 그러다가 경쟁에서 지는 상황이 오면 즉각 분노로 모습을 바꾸었습니다. 배드민턴 내기에서 질 때 그랬고, 자기가 응원하는 팀이 질 때 그랬습니다. 또한 운전

중에 다른 차가 끼어드는 순간이나, 병원에 처음 온 날 다른 사람이 자기보다 앞서 접수한 순간에도 화가 났습니다.

교감신경계를 안정시키는
두 가지 방법

그가 스트레스를 해소한다고 믿는 취미 생활을 조절해야 합니다. 태진 씨처럼 경쟁적인 스포츠에 심하게 몰입하거나, 도박이나 내기를 한다거나, 정치나 사회 현상을 두고 지인과 격렬하게 토론하거나, 무리한 운동으로 스트레스를 해소하려는 사람이 많습니다. 하지만 이것들은 스트레스를 푸는 것이 아니라 불안과 긴장을 유지시키는 습관일 뿐입니다.

과도하게 쇼핑을 하거나 물건을 사는 경우도 여기에 해당하겠지요. 물건을 고르고 사는 과정 또한 우리를 자극적으로 흥분시키기 때문입니다. 또한 폭식으로 스트레스를 푸는 것도 마찬가지입니다. 과도하게 칼로리를 섭취하는 것도 몸을 긴장시키고 정도 이상으로 흥분시킵니다.

진정으로 스트레스를 해소하기 위해서는 이런 방법들이 아니라 교감신경계가 실제로 안정될 수 있는 방법들을 선택해야 합니다. 그 방법을 알기 위해 교감신경계가 언제 과도하게 흥분하게 되는지부터 살펴봅시다.

감정은 습관이다

교감신경계가 가장 크게 흥분하는 경우는 크게 두 가지로 나누어 볼 수 있습니다. 첫 번째는 경쟁에 관련된 상황입니다. 원시 시대에는 싸움이 가장 큰 위기였습니다. 따라서 뇌는 싸움과 비슷한 상황에 가장 예민하게 반응합니다. 현대 사회에서는 경쟁하는 상황이겠지요. 뇌는 경쟁과 싸움을 구분하지 못합니다. 특히나 승부에 집착하며 몰입할 때의 뇌는 진짜 싸움과 경쟁, 스포츠를 구분하지 못합니다.

　두 번째는 돌발 상황입니다. 일상이 내가 예상한 대로 반복된다면 뇌는 긴장하지 않습니다. 그것은 곧 별일 없다는 의미와 통하기 때문입니다. 하지만 생각지 못했던 일들이 불쑥불쑥 나타나면 뇌는 위기 신호를 울립니다. 원시 시대의 습성을 아직도 가지고 있는 우리 뇌는 돌발 상황을 위험 상황과 동일시하기 때문입니다. 그래서 갑자기 술 약속이 생기거나, 생각지 못하게 놀다가 밤을 새거나, 식사를 굶게 되면 교감신경계는 과도하게 흥분합니다.

　이 두 가지 원리를 보면 교감신경계를 안정시키는 방법을 추측할 수 있습니다. 일단 경쟁에 대한 집착에서 벗어나야 합니다. 순위나 결과와 관계없이 그저 과정을 즐겨야 합니다. 경쟁에 이겨야 한다는 생각은 욕심에서 나올 때가 많습니다. 욕심을 버려야 합니다. 경쟁에서 이기면 느껴지는 짜릿한 쾌감과 보상에서 조금은 떨어져서 덤덤해질 필요가 있습니다.

또한 하루하루를 예측 가능하게 만들어야 합니다. 그것은 마음을 안정시키는 데 기본적인 환경이 되어 줍니다. 무엇보다 수면 시간과 식사 시간을 일관되게 유지해야 합니다. 식사와 수면은 생리적으로 가장 기본적인 두 축이기 때문입니다.

수면 시간과 식사 시간이 변경되면 뇌는 위험 상황으로 덜컥 착각합니다. 그러므로 식사를 거르면 안 됩니다. 또한 폭식도 좋지 않습니다. 정확히 시간을 맞출 필요는 없지만, 비슷한 시간에 비슷한 열량으로 식사하고, 비슷한 시간에 잠들고 또 일어나십시오. 그리고 잠들기 전에 내일 할 일을 대충 계획해 뇌가 미리 대처할 수 있게 해 주어야 합니다.

스트레스를 풀기 위해 갑작스럽게 바닷가를 간다거나 예상하지 못한 모험을 기대하는 분들이 많습니다. 그저 계획 없이 순간순간의 생각에 따라 행동하는 것이지요. 물론 일상에 활력소가 되고 자극이 될 수는 있지만, 그런 것이 주가 되면 안 됩니다. 가끔은 도움이 되겠지만, 전체적으로는 환경을 일관되고 안정되게 만들어야 합니다.

큰 스트레스는
작은 즐거움으로 풀기

태진 씨에게도 이런 내용들을 자세히 설명해 주었습니다. 그는 반신반의하면서도 일단은 제 말에 따라 스포츠 승부 결과에 연연하지 않겠다고 했으며, 배드민턴을 치러 가서도 내기 시합은 하지 않겠다고 했습니다. 술도 당분간 마시지 않겠다고 했습니다.

2주 뒤 저를 찾아온 그가 이야기했습니다. 사실 저는 그가 어떤 말을 할지 예상하고 있었습니다.

"선생님 말씀대로 했는데 기분이 나아지지 않아요. 기분이 불쾌하고 화가 나는 것도 그대로예요. 그리고 무엇보다 너무 심심하고 무료하고 의욕까지 없어집니다. 재미가 없습니다."

뇌가 습관을 유지하기 위해 애쓰고 있는 것입니다. 그동안 익숙했던 것과 다른 낯선 행동들을 기분 좋게 받아들이지 못하고 일단 거부하는 것입니다. 짜게 먹던 사람이 싱겁게 먹기 시작할 때 기분까지 나빠지는 것과 같습니다. 또한 거식중 환자가 음식이 들어올 때 배가 아픈 것으로 인식했던 것과도 같은 이야기입니다. 역시나 확신이 필요합니다.

저는 그에게 이렇게 이야기해 주었습니다.

"지금 하루하루가 무료하고 심심하다고 느껴지는 것은 잘하고 계시다는 증거입니다. 그게 맞는 것이고 정상입니다. 밋밋한 일상, 조금은 심심한 일상에 익숙해지십시오. 그러면서 그 안에 있는 깨닫지 못했던 기쁨들을 찾아보세요. 큰 스트레스일수록 작은 즐거움으로 풀어야 합니다."

다행히 그는 제 말을 믿고 잘 따라와 주었습니다. 그는 사소한 것에서 감사한 부분을 찾으려고 했고, 작은 기쁨들을 놓치지 않으려 했습니다. 큰 스트레스는 크게 풀어야 한다는 생각에서 벗어났습니다. 가족과 함께하는 시간을 가지고 산책로에서 산책을 즐기며, 그 안에서 스트레스 푸는 방법을 배워 갔습니다. 이런 과정 안에서 화를 통제하지 못하던 그의 증상은 대부분 좋아졌습니다.

마지막으로 병원에 방문하던 날 그는 이렇게 말했습니다.

"처음에는 화가 자꾸 나서 병원에 방문했어요. 실은 약으로 쉽게 고쳐질 줄 알았거든요. 그런데 선생님은 엉뚱하게도 하루를 심심하고, 또 규칙적으로 보내라고 했죠. 제가 좋아하는 자극적인 방법으로 스트레스를 풀지 말라고 했고요. 큰 스트레스일수록 작은 즐거움으로 풀라고 한 말이 처음에는 믿어지지 않았고 그렇게 해도 전혀 도움이 되지 않았어요. 하지만 하루하루 지날수록 그것에 익숙해지고 점차 마음 안에 에너지 같은 것이 차오르는 것 같았어요. 좀 신기했어요. 예전처럼 적극적으로 스트레스를 해소하려고 노력하지 않는데도 무언가 긍정적인 힘이 마음에 느껴졌거든요. 부드러움이 강함을 이긴다고나 할까요? 화나는 걸 줄이기 위해 시작한 변화들이 내 감정은 물론 제 일상의 습관 전체를 바꾸었어요."

감정은 습관이다

파괴적인
감정습관의
먹이

이번에는 파괴적인 감정습관과 관련한 사례 두 가지를 소개하겠습니다. 이를 통해 감정습관을 보다 깊이 이해할 수 있을 것입니다.

화려한 스타들이
우울증에 쉽게 빠지는 이유

최근 자신이 공황장애에 걸렸다고 밝히는 연예인이 늘고 있습니다. 실제로 많은 연예인이 자살한 것을 우리는 알고 있고, 지금 순간에도 적지 않은 스타들이 우울증으로 고생하는 것도 사실입니다. 아마도 우울증이나 불안증이 있다고 용기 있게 고백한 분들보다 몇 배나 많은 스타가 마음의 병으로 힘들어하고 있을 겁니다.

남부러울 것 없어 보이는 톱스타들이 극도의 불안과 두려움, 우울증으로 고생한다는 사실을 일반 대중은 쉽게 이해하기 어렵습니다. 도대체 화려하며 유쾌하고 모든 것을 다 가진 것처럼 보이는 연예인들이 무대 뒤에선 왜 이렇게 우울, 불안, 자살 충동을 겪는 것일까요?

여러 가지 이유가 있겠지만, 감정습관의 영향도 무시할 수 없습니다. 연예 스타들은 무대 위에서 자극적이고 극도의 쾌감을 맛보는 경험을 합니다. 팬들의 열광적인 환호를 받을 때 그들은 자신의 정체성을 느끼고 살아있음을 실감합니다. 이런 순간을 위해 최선의 노력을 합니다.

하지만 이렇게 자극적이고 극도의 쾌감을 갈구하는 삶은 결국 교감신경계를 항진시키고, 우리의 몸과 마음에 긴장감을 유발합니다. 이런 상태가 감정습관으로 굳어지는 것입니다.

교감신경계의 흥분을 마음껏 즐기다가 공연이 끝나고 난 후의 텅 빈 무대에 서거나 집에 돌아와서 혼자 남겨지게 되면 그들은 극도로 우울하고 불안해합니다. 불면증으로 잠도 잘 이루지 못합니다.

자극적이고 긴장된 상태에 익숙해진 뇌, 그래서 하루하루 그 상태를 찾아다니는 뇌가 더 이상 스포트라이트를 받지 못하면 이전의 긴장도를 유지하기 위해 불안과 우울을 유발하기 때문입니다.

화려하고 강하게 타오르는 스타의 모습은 동경의 대상입니다. 그렇지만 스타일수록 가족과의 만족감, 친한 사람들과의 유대감, 작은 즐거움과 같은 감정들을 소중히 하지 않는다면 불안과 우울이라는 함정에 더 쉽게 빠질 수 있습니다.

여기서 배워야 할 교훈이 있습니다. 겉으로 보이는 화려함만을 갈구하지 마십시오. 남들이 몰라주어도, 무언가 배우면서 느끼는 성취감이나 보상이 없어도 자신이 하고 싶은 일을 향해 흘리는 땀들의 중요함을 잊지 마세요. 많은 사람에게 인정받고 관심받는 것도 좋지만, 실제 나를 위로하고 치유해 주는 것은 나와 가까이 있는 내 가족, 친구, 직장 동료들임을 기억하세요.

그 남자가 계속 새로운 여자를 찾는 이유

그는 정말 잘생긴 외모를 가지고 있었습니다. 주위에는 언제나 많은 여자가 있었지요. 하지만 그의 연애는 오래가지 못했습니다. 한 달이 채 가기도 전에 이별하고, 곧이어 다른 여자와 다시 사랑에 빠지곤 했습니다.

그는 자신도 한 여자와 오랫동안 사귀고 싶은데 그것이 안 된다고 말했습니다. 한 달 정도 지나면 관계가 너무나 심심하고 지겨운 느낌이 들어서 더 이상 유지하는 것이 무의미하게 느껴진다고 했습니다. 이미 불타오르는 느낌이 없어진 관계는 사랑이 아닌 것 같다고도 말했습니다.

더불어 또 한 가지 그가 걱정하는 문제는 스트레스를 받으면 과도한 자위행위를 통해서 그것을 푼다는 것이었습니다. 물론 남자들은 스트레스나 긴장 상황을 자위행위로 해소하기도 하지만, 그는 그 정도가 너무 과도했습니다.

그는 어려서부터 긴장되고 불안한 환경에서 자랐습니다. 어린 시절 부모님이 교통사고로 갑작스럽게 돌아가시자 조부모 밑에서 자라게 되었습니다. 하지만 늘 경제적인 어려움이 있었고, 할머니와 할아버지가 아무리 신경을 써 준다고 하여도 부모님이 계실 때만큼의 애정을 받지는 못했지요.

또한 갑작스럽게 부모님을 잃은 탓에, 그는 연로한 할머니와 할아버지도 어느 순간 자신의 곁을 떠날지 모른다는 불안 속에서 자랐습니다.

이런 긴장과 불안이 그에게 감정습관으로 남았습니다. 어려서부터 안정되고 의지할 수 있는 인간관계를 간절히 바랐지만, 막상 여자를 만나고 사이가 안정될수록 무언가 어색했습니다. 시간이 지날수록 견디기 어려웠습니다.

감정은 습관이다

긴장되고 자극적인 것에 습관된 뇌가 막 여자를 사귈 때 느껴지는 짜릿한 자극에 흠뻑 취한 것입니다. 그래서 자극이 무뎌지고 타오르던 열정이 식으면 새로운 사람을 찾는 것이지요. 결국 감정습관이라는 덫에 빠져 안정적인 관계조차도 거부하게 된 것입니다.

그가 보이는 과도한 자위행위도 마찬가지입니다. 스트레스를 풀려고 한 행위이지만, 자위행위는 그에게 자극을 제공하고 흥분을 유지시키는 방법이 되었습니다.

그는 무료하고 심심한 것, 안정된 인간관계를 견디지 못했습니다. 뒤에서 더욱 자세하게 다루겠지만, 이렇게 대인관계에서 보이는 문제들도 감정습관의 관점에서 바라보아야 할 때가 있습니다.

즐거움에는
두 가지 맛이
있습니다

우리나라에 온 외국인들이 크게 놀라는 것이 있습니다. 바로 밤 문화입니다. 밤에 더욱 흥분되고 달아오르는 유흥 문화는 세계 어디에도 없는 우리나라만의 특징입니다. 외국에서는 회사에서 받은 스트레스를 주로 가족과 어울리며 해소하고 밤에는 모두 고요함을 공유하는 반면, 우리는 밤에 더욱 불타오릅니다.

길거리에는 자극적인 네온사인과 술집이 넘쳐납니다. 오늘도 사람들은 술자리에서 온갖 자극을 머리에 넣어 가며 스트레스를 풀려고 애쓰겠지요. 어떤 면에서 본다면 화끈합니다. 에너지가 넘치는 것도 사실입니다.

하지만 스트레스는 모습만 변한 채 밤에도 유지되고 있는 것입니다. 한국 사회 전체가 스트레스와 긴장이라는 감정습관에 빠져 낮에는 경쟁, 밤에는 자극적인 유흥으로 그 모습을 유지하는 것입니다.

밤 문화뿐만이 아닙니다. 스트레스는 화끈하게 풀어야 한다는 생각에 술, 담배, 내기, 도박을 찾아 헤매는 사람들도 참 많습니다. 안정적인 부부관계에서 서로의 어려움과 스트레스를 해소하지 못하고, 짜릿하고 자극적인 외도를 통해 의욕을 찾고 스트레스를 해소하고자 하는 경우도 있습니다.

앞에서 즐거움이라는 감정도 그 양상에 따라 구분할 수 있다고 했던 말을 기억하시나요? 자극적이고 짜릿한 쾌감은 도파민이라는 물질과 관련 있고, 은근하고 소소한 즐거움은 세로토닌이라는 물질과 관련이 있다고 언급했었지요.

이번에는 도파민과 세로토닌이라는 물질을 통해 우리가 어떤 감정습관을 들여야 하는지 살펴보려고 합니다. 앞에서 교감신경계로 감정습관을 이해했다면, 이번에는 신경전달물질을 통해 감정습관을 이해해 보고자 합니다.

우리의 뇌 안에는 기분을 조절하는 물질들이 존재합니다. 이런 물질들은 뇌 속의 신경망 사이사이에서 상황에 따라 적절히 분비되어 기분을 조절합니다. 이런 물질들을 신경전달물질이라고 합니다. 간단히 '뇌 내 물질'이라고 부르기도 합니다.

이런 신경전달물질은 종류가 꽤 많습니다. 어떤 순간 어떤 신경전달물질이 분비되느냐에 따라 우리의 기분이 달라집니다. 마치 음식에 설탕을 뿌리느냐 소금을 뿌리느냐, 또는 조미료들의 비율을 어떻게 섞느냐에 따라 음식 맛이 달라지는 것과 같습니다. 뇌 안에 어떤 신경전달물질이 뿌려졌느냐에 따라 기분의 맛이 달라지는 것입니다. 그렇게 보면 신경전달물질은 뇌 안에 존재하는 기분 조미료라고 할 수 있습니다.

도파민과 세로토닌은 '기쁘다'는 기분을 느끼게 하는 신경전달물질입니다. 즐거움의 맛을 내는 가장 대표적인 두 가지 조미료라고 할 수 있습니다.

자극적이고 화끈한 맛, 도파민

도파민과 관련되는 즐거움의 맛은 짜릿한 쾌감, 희열, 흥분입니다. 도파민은 신나게 만들어 고통을 잊고, 일에 매진하게 하며, 의욕을 불러일으킵니다. 며칠 밤을 새우면서 목표한 대로 해결해 나갈 때 힘을 줍니다. 도파민은 이렇게 화끈합니다.

도파민이 특히 많이 분비되는 때는 경쟁에서 승리했을 때, 가능성이 적은 행운이 와서 희열을 느낄 때입니다. 즉, 내기에서 이겼거나, 복권에 당첨되거나, 속으로 좋아하던 이성이 나에게 고백한 상황 등에서 많이 분출됩니다.

감정은 습관이다

도파민으로 인한 즐거움은 강한 쾌감과 흥분을 동반합니다. 그래서 우리는 인위적으로 도파민을 나오게 하는 물질을 찾기도 합니다. 바로 술, 담배, 마약 같은 것들이지요. 이 물질들은 뇌에서 도파민이 흘러나오도록 유발하여 우리에게 짜릿한 쾌감을 줍니다. 돈도 여기에 속하겠지요.

하지만 우리가 잘 알고 있듯이, 이런 물질들로 인한 쾌감은 오래가지 못합니다. 또한 계속적인 도파민 분비를 위해 술, 담배, 마약을 계속 찾게 만듭니다. 더군다나 다음번엔 더 큰 자극을 원하여 술, 담배, 마약의 양은 늘어만 갑니다. 돈에 대한 욕심도 마찬가지이지요. 이것이 바로 도파민의 함정입니다. 금단과 중독을 가져오고, 더 큰 자극을 원하게 합니다.

도파민이 과다하게 나오면 교감신경계를 강하게 흥분시키기 때문에 불안, 분노, 우울 상태가 쉽게 나타납니다. 더군다나 도파민에 습관화되었다가 부족하게 되면, 금단증상이 생겨 불안과 우울이 더욱 심해집니다.

우리나라는 그동안 세계에서 유래를 찾을 수 없을 정도로 단기간 안에 엄청난 경제 발전과 고도성장을 이루어 냈습니다. 기적이라고 불릴 만한 수많은 업적을 이루었고, 수많은 난관을 극복해 가면서 신바람이 났습니다. 당시 우리 사회는 도파민이 넘쳤습니다. 웬만한 고통도 잊고 더 큰 성공, 더 큰 쾌감을 위해 모두가 뛰었습니다. 그 결과 참으로 많은 것을 이루어 냈습니다.

하지만 더 이상 그런 속도의 성장을 기대하기 힘든 시대가 되면서 도파민의 양이 줄어들고 있습니다. 사회 전체가 도파민 금단 증상을 느끼고 있습니다. 사람들은 도파민을 얻기 위해 술집으로, 자극적인 유흥으로 빠져듭니다. 도파민은 우리 사회에 신명과 쾌감을 주었지만, 한편으로는 그 자극을 유지하려는 감정 습관 또한 준 것입니다.

은근한 자연의 맛, 세로토닌

'완전히 반대에 있는 것은 서로 같은 것이다'라는 말이 있습니다. 극과 극은 서로 통한다는 이야기이지요. 감정도 그렇습니다. 극도의 쾌감은 극도의 불안과 맞닿아 있습니다.

햇빛이 강하면 그 뒤에 따라오는 그림자도 짙은 법입니다. 우리나라에 우울증과 불안증 환자가 많고, 세계적으로 자살률이 높은 것은 그런 강한 햇빛을 원하기 때문일지 모릅니다. 그만큼 짙은 그림자가 우리 사회에 드리워진 것이지요.

강한 햇빛에 익숙해진 뇌는 햇빛이 부족해지면 그 자극과 습관을 유지하기 위해 가장 어두운 그림자를 선택한다는 것을 기억해야 합니다. 그러므로 극단적이지 않고 자극적이지 않은 즐거움을 주는 세로토닌이 중요합니다. 세로토닌은 은은한 즐거

감정은 습관이다

움을 주는 물질입니다. 세로토닌의 쾌감은 도파민의 그것과는 성질이 다릅니다.

이성을 볼 때 첫눈에 반해서 강하게 끌리는 쾌감이 도파민에 의한 것이라면, 오래 같이한 부부가 정을 느끼고 친밀함을 공유 하는 것은 세로토닌에 의한 것입니다. 자극적이지는 않지만 세 로토닌이 분비될 때 일상의 사는 맛, 만족, 감사함 등을 느끼게 됩니다.

앞서 신경전달물질을 감정의 맛을 내는 조미료라고 했습니다. 도파민이 강한 맛의 인공 조미료라면 세로토닌은 천연 조미료 입니다. 재료 본연의 맛을 살리는 천연 조미료이지요. 밍밍하고 싱거워 보이지만, 은근한 재료의 맛이 있고 질리지 않습니다.

세로토닌을 분비시키는 다섯 가지 방법

스트레스는 해소하는 방법이 중요합니다. 도파민을 과다하게 분비하고 교감신경계를 흥분시키는 방법은 안 됩니다. 세로토 닌이 분비되고 교감신경계를 안정시키는 방법이라야만 부정적 인 감정습관의 고리를 끊을 수 있겠지요.

그 첫 번째 방법은 걷기입니다. 걸으면 뇌에서 세로토닌 분비 가 왕성하게 일어납니다. 땀이 뻘뻘 날 정도로, 심장이 터질 정도로 뛰는 것은 좋지 않습니다. 그렇게 느끼는 쾌감은 도파민에 의한 것입니다. 가볍게 걸으세요.

두 번째는 햇빛을 쬐는 것입니다. 진료실에서 환자들을 만나다 보면 겨울철과 장마철에 우울증 환자가 늘어나는 걸 알게 됩니다. 햇빛이 부족해서 세로토닌 분비가 적어졌기 때문입니다. 햇빛을 쬐십시오.

세 번째는 음식을 먹을 때 오래 씹는 것입니다. 저작 운동을 하면 세로토닌이 분비됩니다. 음식을 먹을 때 여러 가지 맛을 천천히 음미한다 생각하고 오래 씹으십시오. 허겁지겁 음식을 넘기지 말고 모르고 있던 숨은 맛은 없는지 살펴보십시오. 그렇게 마음에 숨은 자잘한 즐거움을 찾는다는 생각과 연결하면 좋습니다.

네 번째는 감사하는 것입니다. 남들을 이겼다는 쾌감이 도파민을 분비한다면 남에게 고마워하는 마음은 세로토닌을 분비합니다.

다섯 번째는 자연과 함께하는 것입니다. 자연의 푸르름을 느끼면 뇌에서는 세로토닌을 만들어 냅니다.

종합해 보면 햇빛 좋은 날 자연을 느낄 수 있는 곳에서 주위 사람에 대한 고마움을 생각하면서 걷는 것입니다. 하루 30분 이상 산책 또는 걷기 운동을 하십시오. 이것이 스트레스를 푸는 진정한 치유법입니다.

감정은 습관이다

또 한 가지, 좋은 사람들과 함께하십시오. 주위 사람들에게 고마움을 표현하고 유대감을 가지십시오. 거기에 진정한 세로토닌의 샘물이 있습니다.

도파민과 세로토닌 두 가지 모두 우리에게 꼭 필요한 물질입니다. 도파민이 나쁜 것은 아닙니다. 우리를 신나게 하고 의욕을 불러옵니다. 자극적인 쾌감도 경우에 따라서는 꼭 필요합니다. 강한 동기가 되어 주기 때문입니다.

하지만 도파민보다는 세로토닌이 주는 즐거움이 일상에 습관화되어야 합니다. 음식 본연의 맛을 아는 사람은 자극적인 맛도 즐길 수 있지만, 그 반대는 어렵기 때문이지요.

Chapter 3

"나쁜 감정습관의
스위치를 끄세요"

감정습관과 대인관계

보통 감정이란 타인과의 관계에서 생깁니다.
또한 감정적 요소가 없는 대인관계는 존재하지 않습니다.
이렇게 대인관계에는 수많은 감정과 감정이 작용합니다.
그러므로 감정이 습관화된다면, 그것은 곧 대인관계도
습관화될 수 있음을 의미합니다. 실제로 뇌는 대인관계 양상도
반복되면 습관으로 인식하며 그 습관을 지키려고 애씁니다.

우리가 사람에게서 반복적으로 상처받는 이유도
이런 습관 때문일 수 있습니다.

대인관계도
습관입니다

잠시 눈을 감고 나와 관계를 맺고 있는 사람들을 떠올려 보십시오. 어떤 사람들과 인연을 맺고 계십니까? 주위 동료들, 친구들, 이성 친구는 어떤 특성을 가진 사람들입니까? 또 당신은 그들과 어떤 양상의 관계를 맺고 계십니까?

혹시 타인에게 의존적이지는 않습니까? 혹은 그 사람들이 나를 떠나지 않을까 걱정하지는 않나요? 아니면 대인관계에 관심이 없고 혼자 있는 것이 편한가요?

우리는 수많은 관계 속에서 살아갑니다. 그러나 사람 사이의 관계 맺기는 사람마다 참 다양합니다. 상대의 외모를 중요시하는 사람도 있고, 반대로 성격을 더 중요시하는 사람도 있습니다.

누구나 자신과 코드가 맞는 사람을 찾습니다. 자신만이 가진 기준이 있습니다. 각자의 기준으로 주위 사람들을 평가하고 그 사람과의 관계 정도를 정합니다.

우리는 자신에게
익숙한 사람을 찾는다

이처럼 우리는 대인관계에서도 자신의 취향을 강하게 드러냅니다. 아니, 그 어떤 것보다 사람과의 관계 맺기는 각자 스타일이 뚜렷합니다. 또한 이것은 오랫동안 굳어진 것이라 쉽게 바뀌지 않습니다. 이렇게 각자의 대인관계 양상은 습관으로 굳어져 갑니다.

습관이 된 후에는 이유도 잘 모르는 채 '난 그냥 그런 사람들이 좋아', '나랑 잘 맞는 것 같아'라고 생각해 버립니다. 잘 맞는다는 것은 익숙하다는 것이고, 익숙하다는 것은 내 대인관계습관과 궁합이 맞는다는 것입니다. 그렇게 나도 모르게 습관화된 기준에 맞는 사람을 찾습니다.

이런 습관들은 나에게 이로운 사람, 나와 잘 어울리는 사람들을 찾는 데 어느 정도 도움이 되며, 큰 문제를 불러오지 않는다면 그런 습관을 없애라고 이야기할 것도 아닙니다. 하지만 앞에서 누누이 살펴본 습관이 가진 함정을 다시 떠올려 봅시다.

뇌는 나에게 이익이 되지 않는데도 그저 반복되었다는 이유로 그 습관을 유지하기 위해 필사적으로 노력한다는 것 말입니다. 대인관계습관 역시 그 규칙을 따릅니다. 그래서 여러 문제가 발생합니다.

바로 내가 원하지 않고 반복하기도 싫은 대인관계습관들이 반복되고, 이제는 더 이상 상종하기 싫은 스타일의 사람들이 자꾸만 나에게 꼬이는 이유도 습관의 함정에서 찾을 수 있습니다.

늘 타인에게 상처받는 관계습관

"왜 제 주위 사람들은 제 마음을 그렇게 몰라주는지 모르겠어요. 정말 서운해요." 유미성 씨가 울면서 이야기했습니다.

미성 씨는 만성 우울증으로 병원에 찾아왔습니다. 실제로 그녀가 받는 스트레스는 대부분 사람과의 관계에서 발생했습니다. 특히 자신이 믿고 의지했던 사람에게서 받은 배신감과 서운함이 우울증의 핵심 요소였습니다.

그녀는 주위 사람이 자신의 마음을 너무 몰라준다며 서운해했습니다. 이런 패턴은 이미 몇 년 동안 반복되고 있었습니다. 사람을 만나서 친해지기 시작하면 그 사람에게 많은 것을 기대합니다. 그러다가 상대방이 그 기준을 채워 주지 못하면 서운해하고 상처를 받습니다.

미성 씨의 이런 패턴은 이미 습관이 되어 버렸습니다. 상대방이 최선을 다해서 자신에게 맞추어 주더라도 만족하지 못하고, 더 높은 기준을 요구하고 기대할 것입니다. 상대방이 맞추어 줄 수 없게 될 때까지 말이지요.

타인에게 기대하고 상처받아야 한다는 익숙한 습관을 유지하기 위해서입니다. 이 역시 뇌가 교묘하게 습관을 유지하려고 하기 때문이지요. 물론 자신은 그것을 모른 채 또 큰 상처를 받겠지만요. 그렇게 그녀의 우울감 또한 습관이 되어 반복되고 있습니다.

매번 나쁜 남자를 만나는 관계습관

이지은 씨는 아름다운 외모를 지닌 대학생입니다. 병원에 방문한 첫날, 그녀는 면담 내내 눈물을 흘렸습니다. 그러고는 어떻게 남자 친구가 자신에게 그럴 수 있는지 모르겠다고 했습니다. 극심한 배신감으로 손과 얼굴을 떨었습니다.

남자 친구가 그녀와 사귀는 도중에 다른 여자를 만났습니다. 소위 양다리를 걸치고 있다가 그녀에게 들킨 것입니다. 그녀가 지금의 남자 친구를 만난 것은 석 달 전이었습니다. 그녀는 친구의 소개로 지금의 남자 친구를 만나게 되었는데, 첫눈에 빠졌다고 했습니다.

당시 그녀가 처한 상황은 매우 좋지 않았습니다. 이전 남자 친구와 헤어지고 얼마 안 된 상황이었기 때문입니다. 더군다나 그 이별은 이전 남자 친구가 그녀의 돈을 빌린 채 갚지 않고 잠적하면서 일어난 일이었기에 더 큰 상처를 받은 것입니다.

지은 씨는 그런 마음의 상처를 잊기 위해 지금의 남자 친구와 더 열렬히 연애했다고 합니다. 그런데 어느 정도 마음의 상처가 나아지는 듯했을 때, 현재 남자 친구의 바람을 알게 된 것입니다. 더 이전의 연애들도 비슷했습니다. 물론 최근의 남자들만큼은 아니었지만, 그녀의 연애는 늘 상처를 받으며 끝나는 패턴이었습니다.

"저에게는 왜 이렇게 나쁜 남자들만 꼬이는 걸까요? 제가 그런 나쁜 남자들이 좋아하는 스타일인가요? 제가 어리숙해서요."

저는 그녀에게 이렇게 반복되는 패턴은 지은 씨 자신의 습관일 수 있다고 이야기해 주었습니다.

"무슨 말씀이세요? 저는 피해자잖아요. 오히려 그런 나쁜 습관으로 여자를 울리고 다니는 것은 그 사람들이에요. 습관을 고칠 사람은 제가 아니라고요."

그녀는 억울하다는 듯 이야기했습니다. 하지만 그녀의 이야기는 반은 맞고 반은 틀렸습니다. 물론 그 남자들이 상대방에게 상처를 주는 나쁜 습관이 있을 수도 있습니다. 하지만 그런 남자에게 유독 끌려서 매번 그런 남자를 선택했던 것 역시 그녀 자신입니다.

처음 만날 때는 모를 수 있습니다. 하지만 무의식적으로 우리는 나에게 익숙한 느낌, 또는 내가 원하는 느낌의 사람을 찾아냅니다. 첫 만남에서 상대방에게 반한다는 것은 그런 습관에 완벽히 일치하는 사람을 만났다는 뜻인지도 모릅니다. 그렇다면 지은 씨가 남자 친구에게 첫눈에 반했던 것도 자신에게 익숙한 사람을 찾았다는 신호였을까요? 충분히 가능한 이야기입니다.

또한 첫인상이 아니더라도, 연애를 하며 수없이 만나게 되면 알게 모르게 여러 가지 단서를 접하게 됩니다. 그런 정보는 의식적으로는 아무런 자극을 주지 않더라도 무의식적으로는 그 데이터를 중요하게 처리합니다. 그 남자는 그녀의 무의식 안에서 '나쁜 남자'라는 익숙한 냄새를 풍겼기에 그녀의 뇌는 그 관계를 지속한 것입니다.

그는 매우 유머러스했으며 그녀를 재미있게 해 주었습니다. 이벤트도 자주 하고 사랑한다는 표현도 많이 해 주었다고 합니다. 하지만 순간적으로 욱할 때가 잦았고, 간혹 친구들 앞에서 지은 씨를 무시하는 경우도 있었습니다. 무엇보다 그녀를 존중한다는 느낌이 크지 않았다고 합니다. 하지만 당시 그것들은 별로 큰 문제 같지 않아 '곧 바뀌겠지' 하며 기다렸다고 합니다.

감정은 습관이다

지은 씨가 그에게 끌린 것은 그의 유머러스한 면 때문이 아닐지도 모릅니다. 이런 나쁜 남자일지 모른다는 정보들에 끌렸을 수 있습니다. 뇌가 그동안의 습관대로 자신에게 상처 줄 만한 사람을 찾은 것이지요.

매번 버림받는
관계습관

반복되는 대인관계 패턴으로 고생하는 환자를 한 분 더 소개하겠습니다. 30대 중반의 강연희 씨는 누군가와 깊은 관계가 될 때마다 '이 사람이 날 떠나지는 않을까? 내가 버려지지 않을까?' 하는 걱정이 앞선다고 했습니다. 그렇게 걱정하는 데는 이유가 있습니다. 실제 많은 사람이 그녀를 떠나갔기 때문입니다.

부모는 연희 씨가 열 살 때 이혼했습니다. 그녀의 어머니가 다른 남자와 바람이 나서 집을 버리고 도망쳤기 때문입니다. 어린 그녀는 엄마가 자신을 버리고 갔다는 사실을 받아들이기 어려웠습니다. 그때의 일은 그녀의 마음속에 너무나 깊은 상처로 남았습니다.

그녀는 그 후에도 또래 친구, 남자 친구 들이 자신을 버리고 가는 상처를 여러 번 더 겪었습니다. 간절히 원하는 인간관계이지만 버림받는 패턴에 익숙해졌습니다. 실제로 최근의 남자와의 관계는 모두 연희 씨가 버림받는 모양새로 끝이 났습니다. 앞서 지은 씨의 경우처럼 익숙한 대인관계 패턴을 유지하기 위해 무의식이 자신을 버릴 만한 남자를 선택했을지도 모릅니다.

설령 그렇지 않은 남자를 선택했다 하더라도 결국 그 남자가 자신을 떠나가도록 유도했을 수도 있습니다. 누군가가 자신을 떠나가지 않을까 걱정하는 게 습관화된 그녀는 사람을 사귀게 되면 자기도 모르게 집착합니다. 수시로 전화해서 확인하고, 작은 일에도 상대방을 의심합니다.

사랑을 확인하고 상대방을 자신의 옆에만 놓아두려는 그녀의 이런 필사적인 행동은 아이러니하게도 상대방을 지치게 하고 결국 떠나가게 했습니다. 하지만 정작 본인은 그 이유를 몰랐겠지요. 그렇게 다시 버림받은 그녀는 다음 만남에서는 버려지지 않기 위해 더욱 집착하게 됩니다. 계속 상대방을 의심하게 되는 악순환의 고리에 빠지고, 습관은 더욱 단단해집니다.

이렇듯 우리에게는 수많은 대인관계 패턴들이 습관화되고 반복되고 있습니다. 아마 자신도 모르고 있는 경우가 많고, 그렇다고 해도 별문제되지 않는 경우가 대부분입니다.

하지만 어떤 대인관계습관들은 우리를 지독하게 괴롭힙니다. 상처 주는 상대를 찾고, 또 그 상대를 움직여 나에게 상처 주도록 했던 지은 씨와 연희 씨의 경우처럼 말이지요.

감정은 습관이다

인지행동 치료자인 제프리 영Jeffrey E. Young은 이렇게 반복되는 파괴적인 패턴을 '인생의 덫'이라고 표현했습니다. 그는 어렸을 때부터 반복된 경험에서 그 원인을 찾습니다. 그가 이야기한 '덫'이나 제가 말하는 '습관'은 표현만 다를 뿐 비슷한 이야기입니다. 나에게 고통을 주고 도움이 되지 않아도 무의식적으로 익숙한 스타일의 사람을 찾는다는 것입니다.

왜곡된
친밀감의
세 가지 유형

우리가 본능적으로 느끼고 싶어 하는 감정에는 어떤 것들이 있을까요? 포만감과 안도감 등은 생존과 직접적으로 관련된 것입니다. 그래서 우리의 뇌는 그것을 느끼기 위해 수단과 방법을 가리지 않습니다. 그렇다면 친밀함은 어떻습니까? 이것도 뇌가 필사적으로 채우고자 하는 중요한 감정일까요?

할로우의
새끼 원숭이 실험

1950년대, 지금은 너무나도 유명해진 실험 하나가 세상에 발

감정은 습관이다

표되었습니다. 바로 해리 할로우Harry Frederick Harlow라는 심리학자가 시행한 새끼 원숭이 실험입니다.

우선 태어난 지 얼마 되지 않은 새끼 원숭이들을 친어미와 분리하여 우리에 넣습니다. 그 우리 안에는 두 종류의 엄마 인형이 있습니다. 한 인형은 철사로 만든 뒤 우유가 나오는 젖병을 가슴에 달아 두었습니다. 또 다른 인형에는 젖병이 달려 있지 않아 우유를 줄 수는 없지만 진짜 어미와 비슷한 부드러운 천을 입혀 두었습니다.

실험자들은 새끼 원숭이들이 생리적 욕구를 충족시키는, 즉 우유를 주는 어미 인형을 더 좋아할 것으로 예상했습니다. 하지만 새끼들의 반응은 실험자들의 예상과 달랐습니다. 배고플 때는 어쩔 수 없이 잠깐 철사로 된 어미 인형에게 가서 우유를 먹었지만, 나머지 시간 대부분은 부드러운 천을 입은 엄마 인형의 곁에 붙어서 안기고 놀았습니다. 부드러운 천의 어미 인형에게서 떼어 놓으려고 하면, 친어미와 헤어지는 듯 극도의 흥분 상태가 되어 실험자를 공격했습니다.

원숭이들은 단순히 생리적인 욕구만 가진 것이 아니었습니다. 무언가 접촉하고 관계를 느끼기를 바랐던 것입니다. 부드러운 천의 어미 인형에게 안겨 비비며 친밀감을 느끼고자 한 것입니다. 그저 생리적인 욕구만 채워 주는 대상은 엄마로서의 안식처가 되지 못했습니다. 그들은 젖을 주지는 못하지만, 자신을 따뜻하게 감싸 주는 대상을 어미로 느끼고 있었습니다.

친밀감도
생존의 문제다

인간도 원숭이와 마찬가지입니다. 단순히 생리적인 욕구의 만족만으로는 생존할 수 없습니다. 친밀감을 필사적으로 느끼고자 합니다. 다른 사람과 관계를 맺고 싶어 하고, 그것을 통해 친밀감이라는 감정을 확보하고자 합니다. 이렇게 친밀감을 얻고 싶어 하는 욕구를 '친밀 욕구'라고 명명해 보겠습니다.

이 친밀 욕구의 만족은 생존에까지 영향을 줄 정도로 중요합니다. 할로우는 단순히 먹이만 주는 환경에서 자란 원숭이는 부드러운 천의 어미를 가진 원숭이들에 비해 오래 살지 못한다는 것을 발견했습니다. 병에 걸리고, 이유 없이 시름시름 앓다가 죽었습니다.

인간도 마찬가지입니다. 생리적인 욕구는 모두 충족되었으나 타인과의 접촉이나 관계가 없었던 유아는 친밀 욕구가 충족된 유아보다 생존율이 크게 낮다는 연구 결과도 있습니다.

이렇게 다른 사람과의 관계 내에서 얻어지는 친밀감은 매우 중요합니다. 뇌는 친밀감을 얻기 위해 최선을 다할 것입니다. 원시 시대, 혼자 살아갈 수 없었던 인류가 생존을 위해 가지고 있던 관계 지향적인 본능이 뇌에 남아 있는 것이지요.

친밀감
폭식형 vs. 포기형 vs. 거식형

이제 친밀감이란 우리가 느끼고 싶어 하는 중요한 감정임을 알았습니다. 여러분은 어떠십니까? 이 친밀 욕구가 잘 충족되고 있습니까? 주변 사람과 친밀한 관계를 적절히 유지하며 친밀 욕구를 잘 만족시키고 있나요?

아마 큰 문제 없이 주변 사람과 관계 맺기를 잘해 나가는 사람도 있을 것이고, 여러 가지 이유로 관계 맺기가 잘되지 않고 친밀감을 느끼기보다 상처를 더 많이 받는 사람도 있을 겁니다.

인간은 태어나면서부터 친밀 욕구를 가지고 있습니다. 또한 그것을 충족시키려는 에너지가 대인관계를 맺게 하는 주된 동력이 됩니다. 하지만 그것을 만족시키는 방법은 개인에 따라 다릅니다. 유아 때부터 어떤 방식으로 친밀 욕구를 충족하며 성장해 왔는지에 따라 친밀감을 다루는 태도가 달라집니다.

이 차이는 한 사람의 대인관계 양상을 바꾸어 놓습니다. 친밀 욕구가 제대로 충족되지 못하고 좌절되며 성장한 사람은 이 친밀 욕구가 어떤 형태로 변형되고 왜곡되었는지가 대인관계습관을 결정할 것입니다.

여기서는 친밀 욕구가 만족된 경우보다, 어려서부터 친밀감이라는 감정이 적절히 공급되지 못했고, 그래서 친밀감을 얻는 방식에 왜곡이 생겨난 경우들을 살펴볼 것입니다. 그런 경우들에서 대인관계 문제가 반복되고 두드러지기 때문입니다.

친밀감을 다루는 왜곡된 방식들을 세 가지로 나누어, 각각의 경우에 따라 나타나는 대인관계습관들을 알아보겠습니다.

1. 친밀감 폭식형

친밀감 폭식형은 친밀감이라는 감정에 항상 굶주려 있으며, 기회만 되면 폭식하듯이 과다한 친밀감을 확보하려고 달려드는 경우입니다. 굶주린 사람이 음식을 먹을 기회가 오면 자신이 소화할 수 있는 양 이상으로 섭취하고, 이후 폭식 때문에 또다시 문제가 생기는 것과 비슷하지요.

앞에서 소개한, 늘 주위 사람들에게 서운함을 느끼던 유미성 씨가 기억나나요? 그녀는 사람을 만나게 되면 정도 이상으로 친밀해지기를 기대합니다. 그래서 많은 기대를 하게 되고, 자신에게 신경을 많이 써 주기를 강하게 원합니다. 하지만 폭식하면 배탈이 나듯, 그녀의 과도한 친밀 욕구는 결국 그녀의 대인관계를 망치는 결과를 낳았습니다.

강연희 씨는 어땠습니까? 그녀는 사람과 깊게 사귀게 되면 자신을 떠나지 않을까부터 먼저 걱정했습니다. 스스로를 안심시

감정은 습관이다

키기 위해 수없이 전화하고, 확인하고, 상대방의 관심과 애정의 징표를 원하고 또 원했습니다. 그녀 역시 폭식하듯 친밀감을 삼키고 싶었던 것입니다. 물론 배탈이 나겠지만요.

그녀들은 친밀감을 여유롭게 섭취하고 즐기는 법을 모르는 것입니다. 굶주림이 컸던 사람이 폭식하는 것처럼, 어려서부터 친밀감을 자연스럽게 섭취하지 못했기 때문에 이러한 대인관계습관이 반복되는 것입니다.

폭식형에서 형성되는 대인관계습관

- 상대방의 관심을 지나치게 갈구한다.
- 버림받을 것을 걱정해서 수시로 애정을 확인하려 한다.
- 상대방의 의견에 무조건 따르며 지나치게 의존한다.
- 자신이 결정하지 않고 무조건 상대방이 결정해 주는 대로 따르며 종속되려 한다.

2. 친밀감 포기형

자신 안에 있는 친밀 욕구를 알고 있습니다. 사람과 만나고 싶고, 사귀고 싶고, 여러 모임에도 어울리고 싶지만 직접 나서지는 못합니다. 친밀감을 얻기 위해 여러 방법을 시도했다가 실패하고, 오히려 상처를 받은 트라우마가 마음속에 있기 때문입니다.

친밀감 포기형의 마음 안에는 '다른 사람들과 잘 지내고는 싶은데 보나 마나 또 실패할 거야. 그러면 큰 상처를 받겠지? 그냥 포기하는 게 낫겠어'라는 생각이 있습니다.

저를 찾아오는 사람들 중에도 이런 형태의 대인관계습관을 지닌 경우가 참 많습니다. 흔히 사회 공포증이라 불리는 불안을 지닌 사람들이지요. 여러 사람이 있는 곳에 가면 긴장이 되어 아무 말도 하지 못하고 시선도 잘 마주치지 못합니다. 사람들을 겁냅니다. 하지만 그들의 마음속에는 사람들과 친해지고 싶은 욕구가 강합니다. 단지 지레 겁먹고 포기하고 있을 뿐이지요.

친밀감 포기형의 다른 형태도 있습니다. 깊은 관계가 되려고 하면 지레 겁먹고 도망가는 경우입니다. 친밀감을 강하게 원하지만 막상 그것을 앞에 두고는 포기하는 것이지요.

제가 보았던 한 젊은 여자분은 남자 친구와 관계가 깊어진다고 생각되면 자신이 먼저 이별을 통보합니다. 그녀는 남자 친구를 사귀긴 하지만 관계를 오래 유지하지 못합니다. 사실은 깊은 친밀감을 원하면서도 한편으로는 겁이 나서 상처를 받기 전에 먼저 남자들을 떠나곤 한 것입니다.

포기형에서 형성되는 대인관계습관

- 자신은 어디에도 잘 어울리지 못한다고 생각한다.
- 자신이 남들과 다르다고 생각한다.
- 소외감을 자주 느낀다.

- 남들이 자신에 대해 전부 알게 되면 떠날 것이라고 생각한다.
- 자신이 결함이 많은 사람이라고 생각한다.

3. 친밀감 거식형

자신 안에 있는 친밀 욕구를 부정합니다. 마치 거식증 환자가 자신에게 있는 배고픈 느낌을 무시하고 거부하듯이 말이지요. 사람들과의 친밀감이 자신의 성공에 방해가 된다고 생각하기도 합니다. 어려서 친밀감을 충분히 충족하지 못했을 가능성이 있습니다. 그래서 친밀감 불감증에 걸린 것이지요.

또는 친밀감 포기형과 마찬가지로, 친밀감을 얻기 위해 시도하다가 좌절되어 큰 상처를 얻은 경우일 수 있습니다. 친밀감 포기형이 수동적으로 자신의 욕구를 포기하는 것이라면, 친밀감 거식형은 적극적으로 나서서 친밀 욕구를 부정하고 오히려 자신에게서 배척하는 것입니다.

"저는 혼자 사는 것이 편해요. 사람들과 어울리면 피곤해요. 저는 일이 친구예요. 일은 배신하지 않거든요. 아무도 없는 곳에 저만 홀로 떨어져서 살고 싶어요."

이렇게 이야기하는 사람들도 꽤 있습니다. 이들이 바로 친밀감 거식형입니다. 하지만 이런 사람이라고 해서 정말 친밀 욕구가 없는 것은 아닙니다. 자신을 속이는 것이지요. 일에서 성공해도 마음 한구석은 공허하고 우울할 것입니다.

거식형에서 형성되는 대인관계습관

- 상대방의 의도에 대해서 항상 의심하며 불신한다. 아무도 믿으려 하지 않는다.
- 다른 이의 생각에는 관심이 없으며, 자기 위주의 행동을 한다.
- 사무적이고 일과 관련된 것에만 집중한다.
- 소위 왕자병, 공주병이라고 하는 행동들을 보인다. 즉, 남들을 배려하지 않고 이기적인 느낌을 준다.

이렇게 세 가지 유형의 왜곡된 태도는 거기에 맞는 대인관계 습관들을 만듭니다. 그리고 그것에 익숙해져 버린 뇌는 그 습관을 유지하기 위해 교묘하게 애쓰겠지요.

그렇다면 이렇게 상처받는 대인관계가 습관이 되어 버린 경우에는 어떻게 해야 할까요? 어떻게 해야 친밀감을 적절히 충족하면서 건강한 대인관계습관을 다시 익힐 수 있을까요?

참 어려운 문제입니다. 다음 글에서 간략하게나마 그 방법을 알아보겠습니다.

감정은 습관이다

어떤 사람에게
최선을
다할까요?

　나도 모르게 반복하는 대인관계습관으로 상처받고 문제들이 발생하고 있다면, 이제는 그 습관을 멈추어야 합니다.

　자신에게 해가 되고 고통을 주는 습관에서 벗어나기 위해서는 새로운 습관을 익히는 수밖에 없습니다. 새로운 대인관계습관을 들이는 길을 알아보겠습니다.

　가장 먼저 내가 어떤 관계습관을 반복하고 있는지 알아야겠지요. 그래야 무엇이 문제이고, 또 어떻게 바꾸어 가야 할지 방향도 잡힐 테니까요. 그런데 나에게 배인 관계습관을 알아내는 것은 말처럼 쉽지 않습니다. 습관적인 행동이나 말투들을 남들은 다 알아도 정작 나는 잘 모르는 것처럼, 내가 대인관계에서 어떤 습관들을 반복하는지 나 자신은 모를 때가 많습니다.

주위에 있는 사람들을 돌아보십시오. 어떤 사람들이 있습니까? 나를 위하는 사람들이 많습니까? 아니면 나에게 명령하고 자기 뜻에 따라 주기를 바라는 사람이 많습니까? 혹은 나를 학대하고 괴롭히는 사람이 더 많습니까?

여기서 더 확장하여 어린 시절부터 지금까지 나에게 중요한 사람들이 어떤 사람들이었는지도 생각해 보십시오. 친구들, 동료, 애인 들은 어떤 성향의 사람들입니까?

공통점을 발견하셨습니까? 그것을 통해 내 습관의 힌트를 얻을 수 있습니다. 이것으로 좀 부족하다면 나에게 좀 더 강한 인상을 남긴 관계들의 공통점을 찾아보세요.

눈을 감고 한번 상상해 봅니다. 어려서부터 대인관계에서 상처받은 경험들을 떠올려 보십시오. 나에게 특히 중요했던 사람들, 어려서는 가족, 커서는 애인이나 믿었던 사람에게 상처받은 기억을 찾아보세요.

또한 어렸을 적 부모님과의 관계와 당시 느꼈던 감정들도 떠올려 보세요. 형제들 혹은 학교 친구들 사이에서 느낀 감정들도 생생하게 떠올려 보십시오. 그때의 관계습관이 반복되고 있지는 않은지 현재의 대인관계 패턴과 비교해 보세요.

어떻습니까? 반복되는 습관이 있나요? 반복되는 상처가 있나요? 혹은 상처받을까 봐 매번 마음을 제대로 열지 못하고 있는

감정은 습관이다

자신을 보았나요? 그렇다면 대인관계습관을 새롭게 바꿀 필요가 있습니다. 이전부터 습관화된 잘못된 관계습관이 친밀감 폭식형, 친밀감 포기형, 친밀감 거식형 중 어디에 속하는지 분류해 보세요.

왜곡된 대인관계습관에서 벗어나기 위해서는 그 습관들과 반대가 되는 생각과 행동들이 무엇인지 찾아보고 그에 익숙해져야 합니다. 대인관계에서 습관적으로 하던 기존의 생각과 행동을 바꾸어야 합니다. 그것을 위해 기존의 관계습관이 '옳지 않다'라는 증거를 찾아야 합니다.

친밀감 폭식형
극복하기

가령 사람들이 나를 버릴 거라고 생각하는 사람들은 그와 반대되는 증거를 찾아야 합니다.

예를 들자면 이런 것입니다. 항상 사람들이 나를 떠나갔다고 생각하지만 실제로는 나에게 남아 있는 사람들도 있다, 부모님은 내 곁에 계신다, 나를 좋아하는 사람들이 있지만 나를 버릴 수 있는 사람들에게 더 집중했다, 많지는 않아도 수년간 함께한 좋은 친구들도 있다…. 이런 식입니다.

객관적인 시선으로 자기의 생각이 틀렸음을 찾으세요. 그리고 사람들이 나를 떠난 것이 아니라 내가 사람들을 떠나게 했을 수도 있다는 가능성을 곰곰이 살펴보세요.

타인에게 복종하고 의존하는 관계습관도 마찬가지입니다. 의존하고 따르지 않으면 상대방이 자신을 싫어하고 떠날 거라고 생각하지만, 정말 그런지 한 발짝 떨어져서 생각해 보아야 합니다. 오히려 자신이 너무나 의존적이었기에 떠난 것은 아닌지 살펴보세요. 이런 과정을 통해 자신에게 있는 왜곡된 생각들을 발견할 수 있을 겁니다.

친밀감 폭식형은 타인과 하나가 되고 싶어 하는 잘못된 소망에 기인합니다. 우리는 아무리 가까운 관계라도 밀착될 때가 있다면 어느 정도 거리를 유지해야 할 때도 있다는 걸 압니다. 그런 거리 변화를 통해 관계가 건강하게 유지됩니다. 하지만 폭식형의 습관은 그것을 모릅니다. 그저 상대방과 밀착되기만을 바랄 뿐이지요.

따라서 과식형의 습관을 벗어나려면 혼자 있는 시간을 얼마나 편하게 보낼 수 있는지가 중요합니다. 상황에 따라 잠시 떨어지는 것에 익숙해지고 편해져야 합니다. 혼자 즐길 수 있고 성취할 수 있는 것을 찾아야 합니다.

어느 순간 불안한 감정이 엄습하고, 상대방에게 연락하고 싶고, 매달리고 싶을 때는 설령 그것이 과도하다는 것을 알아도 멈추기가 매우 어렵습니다. 그런 순간에 견딜 수 있도록 평소에

감정은 습관이다

혼자 할 수 있는 것들에 익숙해져야 합니다.

친밀감 포기형
극복하기

친밀 욕구가 있으면서도 깊은 대인관계를 포기하는 주된 이유는 자존감의 저하 때문입니다. 또는 자신이 남들과 다르고 남들이 그런 자신을 이상하게 생각할 것이라고 믿기 때문입니다. 아마도 과거에 누군가가 자신을 그런 식으로 대했을 수도 있고, 그래서 그런 자아 이미지가 내재화한 것일 수 있습니다. 혹은 단순히 자신이 못났다고 믿고 싶어 하는지도 모릅니다. 이런 생각이 습관화된 것이지요.

이제는 이런 생각들을 하나씩 검토해 보아야 합니다. 남들과 다르고 부족하다고 생각하는 자신의 모습이 무엇인지 구체적으로 적어 봅니다. 그리고 각각의 항목들이 정말로 그런지 다시 한번 객관적으로 평가해 보세요.

실제로 남들보다 못한 것들이 있다면 해결책은 무엇인지 생각해 봅니다. 해결책이 있음에도 포기형 습관에 점점 길들어 개선할 생각조차 하지 못하고 어쩔 수 없다고 여겨 온 것이 참 많다는 걸 알게 될 겁니다.

해결책이 있다면 극복하는 단계를 차근차근 나열하고 실행하면 됩니다. 정말 바꿀 수 없는 결점이 있다면 그 결점이 정말 대인관계를 유지하지 못할 정도로 중요한 것인지 재평가해야 합니다.

외모가 별로여서, 말을 잘하지 못해서, 돈이 없어서, 지식이 없어서…. 이런 것들은 자신의 열등감일 뿐입니다. 그것들은 사실 친밀감을 얻는 데 본질적인 요소들이 아니지요. 우리는 나만의 생각으로 상대방의 생각을 오판하는 경우가 많습니다. 실제로는 상대방이 원하는 요소가 아닌데도 나만의 콤플렉스로 지레 겁을 먹곤 합니다.

역시나 작은 시작이 중요합니다. 타인에게 말을 걸거나 대화하는 게 어색하고 불편한 사람은 상상을 통해 힘든 상황을 간접 경험해 보며 방법을 찾을 수 있습니다. 생생한 상상을 통해 불편한 자리지만 타인에게 질문하고, 또 타인의 질문에 웃으면서 자연스럽게 대답하는 자신의 모습을 상상하십시오. 그렇게 타인과 친해지는 상상 노출을 반복해 보세요. 새로운 습관과 익숙해지십시오(상상 노출에 대해서는 챕터 4에서 자세히 설명하겠습니다).

친밀감 거식형
극복하기

다른 사람에게 상처받는 게 두려워 내가 먼저 상대방을 공격

감정은 습관이다

하고 상처 주지는 않는지 생각해 보아야 합니다. 대인관계에서 상처받을까 두려워 자신의 친밀 욕구를 필사적으로 막고 있을 가능성이 있습니다.

편한 시간, 편한 의자에 앉아 어린 시절 깊은 관계였던 가족, 친구들과의 기억을 떠올려 보십시오. 그리고 스쳐 지나가는 모든 감정을 놓치지 않고 느낄 수 있도록 허용해 보세요. 어떤 감정이 들어도 두려워하거나 막지 마십시오. 격한 감정이 나오더라도 그저 그 감정이 온전히 터져 나오도록 하십시오.

그렇게 만족되지 못한 욕구가 있다는 것을 인정하고, 받아들이세요. 친밀감이라는 욕구를 충족시키지 못한 것은 당신의 잘못이 아닙니다. 친밀감을 원하는 당신은 극히 정상임을 인식하세요.

거식형의 습관을 가진 사람들은 보통 타인에게 학대받고 상처받았던 기억이 있습니다. 혹은 학대는 아니더라도 무관심으로 방임되었던 기억이 있을 수도 있습니다. 이제는 그런 기억에서 벗어나야 합니다. 자신을 따뜻하게 대하는 사람들을 찾아서 그들을 소중히 여기십시오.

살펴보면 주위에 믿을 수 있는 사람이 한두 명은 있을 것입니다. 그 사람들이 바로 당신이 새로운 관계습관을 시작할 수 있는 기본 토양이 되어 줄 것입니다.

내 주위에서 새로운 습관에 도움이 되는 사람을 찾는 것, 이것은 비단 거식형 극복에만 해당하는 것이 아닙니다. 지금까지 나에게 상처 주었던 사람들과 다른 유형의 사람들을 만나는 것은 매우 중요합니다. 아니, 가장 핵심적이고도 중요한 부분입니다. 이전 사람들과는 다른 사람들을 내 옆에 놓아두고 그 관계에 익숙해지도록 해야 합니다.

도움이 되는
새로운 관계에 익숙해지기

첫인상이라는 것이 있습니다. 사람들은 첫인상을 매우 중요하게 생각합니다. 나아가 첫눈에 반하는 것을 진짜 사랑이라고 믿기도 합니다.

매우 낭만적이고 운명적이라고 느껴지지만, 사실 첫눈에 반한다는 것은 매우 조심해야 할 일입니다. 그것은 그저 '이전에 가지고 있던 관계습관에 딱 들어맞는 사람을 찾았다'라는 뇌의 신호일 가능성도 있으니까요. 그래서 내가 가지고 있는 대인관계 습관을 또 유지하게 하겠지요.

물론 관계에서 큰 상처를 받지 않는 사람이라면 자신의 관계습관이 큰 문제되지 않고, 첫눈에 반하는 대상이 실제로 도움이 되는 경우도 많겠지요. 하지만 사람에게 반복해서 상처를 받은 사람은 첫눈에 반하는 것, 이유 없이 감정적으로 끌리는 것을 매우 조심해야 합니다.

이성 관계뿐만이 아닙니다. 상처받는 관계습관에서 벗어나기 위해서는 나를 아끼고 도움이 되는 사람들로 주위를 채워야 합니다. 가령 버려질까 봐 걱정하는 사람, 또는 의존성이 강한 폭식형의 사람은 나도 모르게 자신을 무시하거나 강압적이고 존중하지 않는 사람들을 선호했을 것입니다. 아마 그런 사람을 보았을 때 첫눈에 감정적으로 끌렸겠지요.

하지만 이제는 습관을 바꾸기 위해 조금은 낯설고 싫어도 내의견을 경청하는 자세를 가진 사람, 나를 진정으로 존중하는 사람, 안정적인 모습을 지닌 사람, 어려울 때 옆에서 진심으로 도와주는 사람, 어떤 일을 결정할 때 나의 의견을 들어주는 사람을 곁에 두려고 노력해야 합니다.

이성을 사귈 때도 그런 사람이라면 일단 이상형에서는 멀더라도 몇 번 더 만나며 그런 스타일의 사람에게 익숙해지도록 노력해야 합니다. 물론 무조건 그런 사람이 좋다는 건 아니지만, 낯설다는 이유로 좋은 기회마저 놓쳐 버리는 실수는 하지 말아야 합니다. 내가 가진 습관과 반대되는 관계에 익숙해져 보는 것이 중요합니다.

포기형이나 거식형도 마찬가지입니다. 자신에게 관심을 가지고 친근하게 대하는 사람을 중요하게 여겨야 합니다. 그런 사람이 있다면 놓치지 마십시오. 한결같고 변하지 않는 안정된 사람이 주위에 있게 하세요. 당신을 학대함으로써 즐거움을 얻으려 하는 사람은 주위에서 멀어지게 하세요.

감정습관의 덫에 빠진 사람에게는 순간적으로 끌리는 감정보다 이성적인 판단이 더 중요합니다. 합리적으로 평가하고 좋은 사람들을 곁에 두십시오. 그리고 그들에게 솔직하게 당신의 어려움을 털어놓고 도움을 청하세요. 바로 그런 새로운 관계가 새로운 관계습관을 만들어 줄 것입니다.

대인관계에서 고생하는 사람들이 흔히 하는 이야기가 있습니다. "왜 저에게는 이런 사람들만 꼬이는 건지 모르겠어요. 그런 사람이 제 근처에 접근해 오는 것을 제가 어떻게 하겠어요?"

맞는 말입니다. 당신 주위에 접근해 오는 사람들은 당신이 선택한 것은 아닙니다. 하지만 누가 당신 옆에 남을 것인지는 당신이 선택하는 것임을 잊지 마십시오.

어려서 힘이 없을 때는 자신 옆의 사람들을 수동적으로 받아들여야 했겠지만, 지금은 다릅니다. 당신 옆에 남을 사람을 결정하고, 또 그 사람들의 우선순위를 매기고, 누구에게 최선을 다할 것인지 결정하는 것은 당신의 몫입니다. 당신을 존중하고 따뜻하게 대하는 사람에게 최선을 다하세요.

감정은 습관이다

나와의 관계가
타인과의 관계도
결정합니다

앞에서 파괴적인 관계습관의 유형을 살펴보고 각각의 해결책
도 찾아보았습니다. 이 방법들은 관계습관을 변화시키는 데 도
움을 줄 것입니다.

하지만 그것만으로는 부족합니다. 앞에서 알아본 것들이 보통
자신이 상처받는 관계습관에 대한 것이었다면, 자신이 타인에
게 상처를 주는 관계습관도 알아보아야 합니다.

관계습관을 완전히 치유하려면 관계 내에서 내가 받는 상처도
중요하지만, 나도 모르게 습관처럼 타인에게 상처를 주지 않았
는지도 알아보아야 합니다. 만약 그렇다면 그것을 변화시켜야
겠지요. 마음의 상처란 결국 아픔을 준 사람에게 부메랑처럼 돌

아오기 때문입니다.

그런데 타인에게 어떤 상처를 주고 있는지 스스로 알아내기는 어렵습니다. 다행히 추측할 방법이 있습니다. 자기 자신과의 관계를 바라보는 것이지요. 타인과의 관계습관은 결국 자기 자신과의 관계습관을 투영하는 경우가 많기 때문입니다.

이제부터 세 가지 사례를 통해 자기 자신과의 관계습관이 대인관계에 어떤 영향을 주는지 알아봅시다.

남에게 가혹한 사람은 나에게도 가혹하다

40대 남성인 정성훈 씨는 중소기업의 과장입니다. 그는 얼마 전에 큰 충격을 받았습니다. 같은 부서에서 일하던 부하 직원이 사표를 내면서 그 이유가 성훈 씨 때문이라고 한 것입니다. 사실 몇 년 전에도 부하 직원이 자신 때문에 힘들다며 회사를 그만둔 적이 있었습니다. 그때는 자기가 잘못한 것이 없다고 생각했는데, 같은 문제가 또 발생하니 너무 당황스러웠습니다.

그는 직원들과의 관계에서 발생하는 문제의 원인을 알고 싶다며 저를 찾아왔습니다. 그 문제를 꼭 고치고 싶다고 했습니다.

사표를 낸 부하 직원은 사유서에 평소에도 성훈 씨가 인격적으로 자신을 모욕했으며, 사소한 일로도 너무 심하게 질책했다고 밝혔습니다. 성훈 씨는 자신이 평소 직원들에게 좀 엄격한 편이기는 하지만 타당한 이유 없이 질책한 것은 아니며, 인격적으로 비하하거나 못살게 군 적은 없다고 했습니다.

그의 관계습관을 알기 위한 객관적인 정보가 필요해 그의 부인을 병원에 오라고 했습니다. 부인의 말을 들어 보니 평소에 그는 매우 강한 사람이었습니다. 집안의 가장으로서 확고한 지위를 차지하고 있었고, 아내와 아이들이 자신의 의견에 따르기를 원했습니다. 하지만 생각과 달리 짜증을 자주 내지는 않았습니다. 또한 고집이 센 편이긴 해도 전반적으로 책임감 있는 좋은 남편, 좋은 아빠에 속한다고 했습니다.

그런데 가끔 순간적으로 화를 내며, 그럴 때는 상대방에게 상처 주는 말만 골라 한다고 했습니다. 상대방을 깎아내리지 못해 안달 난 사람처럼 현재 문제와 관련 없는 인간성이나 자질 문제를 꼬투리 잡아 심하게 비난한다는 것입니다.

"저야 그냥 귀를 막고 참지만 다른 사람들은 견디기 힘들 거예요." 그의 부인은 이렇게 말했습니다. 성훈 씨는 부인의 이야기를 들으며 충격을 받은 듯했습니다. 자신이 아내에게 그토록 상처 주는 말들을 했다는 것도 기억하지 못했습니다. 그는 아내에게 몹시 미안해하며 눈물까지 보였습니다.

그날 그는 진료실에서 처음으로 아내에 대한 감정을 솔직하게 털어놓았습니다. 그의 본심은 아내를 비난하고 화내던 모습과는 너무나 달랐습니다. 그는 속으로 아내가 자신을 떠나지는 않을까 걱정하고 있었습니다.

부인은 현명한 사람이었습니다. 현재는 일을 하지 않지만, 결혼 전 직장에서는 능력을 인정받았다고 했습니다. 그녀는 남편의 결점도 잘 받아 주고 육아도 잘 해내고 있었습니다. 그는 그런 아내가 고마우면서도 한편으로는 '나보다 아내가 더 능력 있고 뛰어난 것은 아닐까?' 하는 두려움을 안고 있었습니다.

아내가 자신을 무시하고, 결국 떠나 버릴 것이라는 은밀한 불안감이 마음 한편에 있었던 것입니다. 자신을 떠나지는 않더라도 아내가 가장으로서의 자신을 무시하고, 자기 위에 군림하지 않을까 걱정했습니다. 겉으로 보이는 강한 모습과 달리, 그는 자존감이 매우 낮고 쉽게 상처받는 사람이었습니다.

이야기를 들으며 그가 상대방을 가혹하게 비난하는 이유를 발견할 수 있었습니다. 그는 스스로를 낮게 평가하고, 상대방이 자기보다 뛰어나지 않을까, 그래서 자기를 무시하지 않을까 걱정하고 있었습니다.

그런 까닭에 내가 상대보다 뛰어나다는 것을 확인하고 안심하기 위해 상대방의 자존감을 깎아내리려 필사적이었던 것입니다. 상대방을 비난하고 결점을 강조하는 행동 뒤에는 사실 내가 그보다 못한 것은 아닌가 두려워하는 마음이 자리 잡고 있었던 것이지요.

감정은 습관이다

나와의 관계를 회복해야
대인관계도 회복된다

성훈 씨는 제 이야기를 들으며 힘들지만 동의했습니다. 회사에서도 마찬가지로, 그는 아랫사람들이 능력 없는 자신을 무시하지 않을까 걱정된다고 했습니다. 실제로 이번에 사표를 낸 사람은 능력도 있고 인정받는 직원이었습니다. 그래서 성훈 씨가 더욱 불안해했는지도 모릅니다. 상대방을 누르지 않고는 견딜 수 없었겠지요.

이렇게 타인을 쉽게 비난하고 자존감을 깎아내리려는 사람들을 가만히 들여다보면, 실제로는 자존감이 낮고 스스로를 폄하하고 비난하는 경우가 많습니다. 즉, 타인과의 관계에서 나타나는 관계습관은 자기 자신과 맺고 있는 관계습관을 보여 주는 것입니다. 성훈 씨는 자신의 관계습관을 이해하기 시작했습니다. 문제의 원인이 자기 자신과의 관계에서 생기고 있다는 것을 말이지요.

그 후 치료를 진행하며 그의 근원적인 문제는 어린 시절 동생과의 관계에 있었다는 것을 알게 되었습니다. 세 살 아래인 동생은 그보다 공부를 월등히 잘해 항상 칭찬을 받았습니다. 동생과 사이가 나쁘지는 않았지만, 자신보다 뛰어나서 부모님의 사랑을 독차지하는 동생이 미웠습니다. 집에서 자신의 존재가 필요 없어지는 것은 아닌지 무서웠습니다.

그래서 동생이 잘못할 때마다 부모보다 더 가혹하게 혼냈습니다. 때린 적도 많았습니다. 그런 갈등들로 인해 현재 성훈 씨와 동생은 연락도 하지 않으며 지내고 있었습니다.

그는 자신이 사람들에게 상처 주는 습관을 극복하기 위해서는 자기 자신을 인정하고 스스로와 화해해야 하며, 동생을 인정하고 동생과 화해해야 한다는 것을 알았습니다. 그는 이것을 위해 한동안 면담 치료를 받았습니다.

치료 결과, 다행히 그는 자기 자신을 존중하게 되었고 그 힘으로 타인도 존중하고 포용할 수 있게 되었습니다. 그는 자신을 인정하고 대접해 주는 습관을 들이기 시작하면서 부인과 부하 직원들 또한 인정하고 대접해 줄 수 있게 되었습니다.

나에 대한 감정이 타인에게 향할 때

두 번째 사례는 아이와의 관계에서 상처를 주고 스스로 상처 받는 엄마의 이야기입니다. 다섯 살짜리 아들을 둔 30대 초반의 최진주 씨는 첫 면담부터 자신은 쓸모없는 엄마라며 눈물을 뚝뚝 흘렸습니다.

그녀는 자신도 모르게 아이를 심하게 때리고 미친 듯이 화를 낸다며 병원에 찾아왔습니다. 그녀는 아이 이야기를 할 때마다 눈물을 흘렸습니다. "아이가 너무 불쌍해요. 아이가 너무 예쁘고 좋은데, 순간 화날 때는 제가 그냥 미친 것 같아요."

진주 씨에게 가장 두드러지는 감정은 '화'였습니다. 그녀는 아이에게 화를 내지 않을 때는 본인을 자책했습니다. 자책이란 자기 자신에게 화를 내는 것이지요. 그녀는 자기 학대적인 행동도 했습니다. 결혼 전에는 손목을 칼로 그으면서 자해를 한 적도 있고, 최근에는 괴로울 정도로 폭식하고 일부러 구토한 적도 꽤 있었습니다.

"저라는 사람은 태어난 것 자체가 잘못이에요." 그녀는 가혹할 정도로 자기 자신에게 화가 나 있었습니다. 진주 씨는 어려서부터 부모님에게 많이 혼나며 자랐습니다. 아들을 중요시하던 집안에서 그녀의 어머니는 딸만 세 명을 낳았습니다. 진주 씨는 그중 막내딸이었습니다.

아들을 얻지 못한 남편과 시댁의 화는 그녀의 어머니에게 향했고, 그녀 어머니의 화는 그녀에게로 향했습니다. 진주 씨는 어려서부터 그런 가족들의 화를 내재화했습니다. 자기는 태어나지 말았어야 할 존재라며 스스로 몰아붙였고, 자기 자신에게 화를 내며 자랐습니다.

진주 씨는 자신의 아이를 끔찍이 아끼고 사랑했습니다. 그나마 자신이 세상에 존재하는 이유는 아이 때문이라고 했습니다. 한데 이상하게도 종종 그런 아이에게 화가 폭발하곤 했지요. 그럴 때는 정말이지 스스로가 괴물이 되어 버린 느낌이라고 했습니다.

그 화의 대상은 아이가 아니었습니다. 마음속에서 용광로처럼 끓는 화는 사실 그녀 자신을 향한 것이었습니다. 그러다가 그것이 끓어 넘쳐 주변 대상인 아이에게 쏟아져 나오는 것이지요. 자기 자신에게 화를 내는 감정습관이 아이와의 관계에도 영향을 주는 것입니다.

저는 아이에게 화내지 않고 아이가 잘못할 때도 너그럽게 용서하며 받아 주고 싶다면 먼저 자기 자신에게 화내지 않고 스스로 용서하는 태도를 가져야 한다고 말했습니다. 자신을 대하는 태도가 확장되어 아이에게 나오는 것이기 때문이지요.

진주 씨는 작은 실수만 해도 '이 병신아', '네가 그럼 그렇지', '그냥 죽어' 등의 파괴적인 말을 자신에게 습관적으로 사용했습니다. 자기 자신을 못 잡아먹어 안달 난 사람 같았습니다. 특히 아이에게 화를 낸 뒤에는 죄책감과 함께 자신에 대한 화가 더욱 커졌습니다. 그녀는 악순환의 고리에 빠져 있었던 것입니다.

일단 그녀가 쓰는 자기 학대적인 말부터 교정해야 했습니다 (챕터 5의 '말과 표정부터 바꾸어 보세요' 참조). 그리고 낮아진 자존감과 자신에 대한 화를 줄이기 위해 수 개월간 면담 치료와 약물 치료를 시행했습니다.

아직도 진주 씨는 치료 중입니다. 그러나 부족하나마 이전보

감정은 습관이다

다는 자기 자신에게 조금 너그러워졌습니다. 그녀는 자기 자신을 존중하고 스스로를 용서하는 습관을 들이는 것이 좋은 육아의 시작임을 알게 되었습니다.

타인에게 투사된
나의 관계습관

문진숙 씨는 대기업에 근무하는 20대 여성입니다. 그녀는 회사를 그만두어야 할지 계속 다녀야 할지 모르겠다며 찾아왔습니다. 그녀가 퇴사를 고민하는 이유는 직장 상사가 너무 힘들게 한다는 것이었습니다. 일도 많이 시키고, 자신이 조금만 잘못해도 절대 봐주는 일 없이 심하게 몰아붙여서 견딜 수가 없다고 했습니다.

한데 그녀의 직장 이력을 보니, 1년도 안 돼 직장을 옮기는 패턴이 반복되고 있었습니다. 이전에 직장을 그만둔 이유를 물어보니, 여러 가지 이유가 있었지만 직장 상사가 자신을 못살게 굴었다는 내용이 꼭 들어 있었습니다.

"제가 능력이 좀 있거든요. 그래서 상사분들이 개인적으로 자기 일을 도와달라고 하시는데, 제가 잘 안 도와줘요." 그녀는 자기가 직장 상사들의 개인적인 부탁을 잘 안 들어줘서 미움을 받았다고 여겼습니다.

그런데 몇 차례 면담을 진행하다 보니 그녀의 이야기는 좀 과도하게 꾸며진 듯했습니다. 구체적인 이야기를 들을수록 그녀의 상사들은 실제로 그녀에게 심하게 하지 않았고, 유독 그녀만을 구박하지도 않았다는 것을 알 수 있었습니다.

별것 아닌 상황도 그녀 스스로 상사들이 자신을 괴롭히려 하는 것으로 받아들이고 있었습니다. 마치 본인이 언제나 피해자인 것처럼 단정 짓고 상황을 해석하고 있었던 것입니다.

치료를 시작한 지 몇 달 정도 지나고, 문제를 지적해 주어도 그녀가 상처받지 않을 정도로 저와의 치료적 관계가 단단해졌다고 여겨 상사가 아닌 부하 직원과의 관계는 어떤지 물어보았습니다.

들어 보니 진숙 씨는 잘 인식하지 못했지만, 그녀가 부하 직원을 대하는 태도는 한마디로 까칠했습니다. 예외를 잘 인정해 주지 않고, 칭찬도 별로 해 주지 않았습니다. 그녀가 말한 상사들의 모습은 오히려 그녀 자신의 모습인 듯했습니다.

저는 그녀에게 상사와의 관계에서 느끼는 스트레스와 피해 의식은 실제가 아닌 본인 내부에서 만들어지는 것이라고 말해 주었습니다. 특히 그녀가 아랫사람을 대하는 관계습관이 그대로 윗사람과의 관계에도 영향을 주고 있음을 설명했습니다.

우리의 뇌는 나에게 익숙한 습관을 반복하려 합니다. 그러므로 평소에 아랫사람과 관계 맺는 습관을 아는 그녀의 뇌는 윗사

감정은 습관이다

람과도 그런 식으로 관계를 맺고 있을 것이라고 단정 지은 것이지요. 그래서 윗사람들이 자신을 괴롭히는 것처럼 느끼는 것입니다. 이런 현상을 정신과에서는 '투사projection'라고 합니다.

윗사람들이 모두 자신을 괴롭히는 것처럼 느껴진다면, 자신이 아랫사람을 괴롭히는 습관에 빠져 있지 않은지 살펴보아야 합니다. 주위 사람들이 내가 하는 말에 의심을 가지고 반대하는 것처럼 보인다면, 혹시 자신에게 상대방을 잘 믿지 않는 습관이 있지 않은지 살펴보십시오.

실제로 진숙 씨는 관계 내에서 상처받는 입장이 아니라 아랫사람들에게 상처를 주는 입장이었습니다. 참으로 인정하기 싫었지만, 그녀는 점차 그것을 받아들였습니다. 그것을 통해 내가 타인에게 관대해질 때 비로소 타인의 배려와 관대함이 보이고, 그것을 온전히 받아 줄 수 있음을 알았습니다.

자기 자신과 어떤 관계를 맺고 있는가, 타인들을 어떻게 대하고 있는가 하는 태도들이 습관이 되고 점차 확대되어 대인관계 전체에 영향을 줄 수 있음을 기억하세요.

습관이 된
사람
떠나보내기

　작년에 진료실로 들어오던 김정화 씨의 첫인상은 야위고 초췌했습니다. 30대 초반인 그녀는 남자 친구와 헤어진 뒤 그렇게 힘든 모습으로 저를 찾아왔습니다.

　정화 씨와 남자 친구는 동갑이었습니다. 5년 전 회사 동료로 그 남자를 만났다고 합니다. 그녀는 첫눈에 그에게 반했습니다. 잘생기지도 다정하지도 않았지만 그저 그가 좋았다고 합니다. 그녀는 열심히 연애했습니다. 그가 잘해 주지는 않았지만, 매일 그를 만나서 이런저런 이야기를 나누던 그때를 가장 좋았던 시기라고 회상했습니다.

　사귄 지 일 년 정도 되었을 때 두 사람은 동거를 시작했습니

　　　　　　　　　　　　　감정은 습관이다

다. 동거라고는 했지만 여러 사정으로 결혼 신고만 못했을 뿐, 그녀는 그 남자와 결혼한 것과 마찬가지라고 생각했습니다. 그 남자 또한 우리는 결혼한 것과 같고, 어서 돈을 벌어서 친척들을 불러 모아 성대하게 결혼식을 올리자고 말했습니다. 집은 그녀가 그동안 모은 돈으로 해결했으며, 이런저런 살림들도 그녀가 가져오거나 장만하였습니다. 그 남자는 그동안 모은 돈이 없었기 때문입니다.

그 남자는 동거하면서 같은 직장에 다니면 티가 난다며 회사를 그만두었습니다. 그리고 그녀의 돈을 빌려 자그마한 사업을 시작했습니다. 그녀의 친구들이 소위 나쁜 남자에게 빠진 그녀를 진심으로 걱정해도 그녀에게는 들리지 않았습니다. 그녀는 그런 상황이 싫지 않았고, 앞으로 더 좋아질 거라는 희망에 오히려 기분이 좋았다고 합니다.

이야기를 들으며 제가 약간 의아한 표정을 짓자 그녀가 말했습니다. "제가 그 남자를 더 좋아했거든요." 실제로 그랬습니다. 그 남자가 보여 준 애정보다 정화 씨가 남자 친구에게 가진 애정이 훨씬 컸습니다. 남자 친구가 서운하게 해서 말싸움이 벌어져도, 남자 친구가 화를 내면 오히려 미안하다고 사과하는 쪽은 정화 씨였습니다.

그녀는 버림받을 것에 대한 두려움이 습관화된 관계, 즉 친밀감 폭식형의 습관이었던 것이지요. 어쩌면 그녀가 첫눈에 반했던 것도 대인관계습관 때문이었을 것입니다. 하지만 여기서는 그녀가 가진 이런 폭식형 관계습관보다는 이별하고 난 후 겪은 일들에 대해 중심적으로 다룰 것입니다.

그를 미워하고 싶은 마음

정화 씨는 자신의 대부분을 남자 친구에게 맞추어 지냈지만, 남자 친구는 변하지 않았습니다. 남자 친구는 사업을 손해만 본 채 포기했고, 그 이후에는 집에서 빈둥빈둥 지냈습니다. 경제적인 면은 모두 그녀의 책임이 되었습니다. 그러나 그는 그녀에게 감사하기는커녕 폭언과 폭력을 행하기 시작했습니다.

그래도 정화 씨는 그가 좋았다고 합니다. 그의 본모습이 착하다고 믿었습니다. 사업이 잘되지 않아서 그러니 조만간 다시 일어날 것이라고 믿었습니다. 너무 힘들고 지쳤지만, 그도 자신에게 애정이 있다고 믿으며 참았습니다.

그러던 어느 날 충격적인 사건이 벌어졌습니다. 그 남자가 다른 여자를 만나고 있다는 사실을 알게 된 것입니다. 그는 미안하단 기색도 없이 말했습니다. "그만 헤어지자."

그렇게 그녀는 배신당하고 그와 이별했습니다. 그 후 그녀는 수 개월간 지독한 우울증으로 고생했습니다. 저를 찾아온 것은

감정은 습관이다

그와 헤어진 지 3개월쯤 지나서였습니다. 첫 방문 때 왜 그녀가 그토록 초췌한 모습이었는지 이해될 겁니다. 당시 그녀의 몸과 마음은 너무도 지쳐 있었습니다.

"그래도 그가 생각을 바꾼다면 받아 줄 수 있을 것 같아요. 제가 더 그를 좋아하는 죄인 거죠." 아직도 그녀는 그를 원하고 있었습니다. 마음 한편으로는 그가 돌아오기를 바라고 있었습니다. 그러나 그런 자신에게 문제가 있다는 사실 또한 알고 있었습니다. 남자 친구에게 그만큼 당하고 상처 입으면서도, 그를 또다시 기다리고 있는 자신이 너무 밉고 이상하다고 했습니다.

"선생님, 그 남자를 미치도록 미워하게 해 주세요!" 그녀가 병원을 찾아온 목적은 이것이었습니다. 그런 비참한 상황에서조차 남자를 믿고 기다리는 자신을 바꾸어 달라고 했습니다. 그를 저주할 수 있게 해 달라고 부탁했습니다.

우울에서
분노로 바뀐 감정

약물 치료와 면담 치료를 병행한 지 2개월 정도 지났을 때 그녀가 저에게 이야기했습니다. "선생님 이제는 괜찮아진 것 같습니다." 그녀는 자신이 좋아졌다고 생각하고 있었습니다.

"예전에는 그가 다시 돌아오면 좋겠다고 생각했는데 이제는 달라요. 그가 너무 미워요. 생각만 해도 화가 나요. 죽이고 싶을 정도로요." 이것이 자신이 좋아졌다고 믿는 이유였습니다. 그를 생각하고 원하며 돌아오기를 바라던 그녀는 바뀌었습니다.

하루에도 수십 번씩 그를 저주했습니다. 그녀는 그를 정말 미워하고 또 미워했습니다. "이제는 그 사람을 더 이상 좋아하지 않아요. 남은 건 강한 미움뿐이에요. 이제는 내 행복을 찾아갈 수 있을 것 같아요."

이런 경우는 참 많습니다. 사랑했던 사람과 헤어지고 난 뒤 사랑했던 감정은 사라지고 상대방에 대한 미움과 분노가 꽉 들어차는 경우 말입니다.

또 다른 남자 환자 한 분이 떠오릅니다. 그는 예전 여자 친구를 너무나 사랑했고, 그 여자가 자신에게 어떤 행동을 해도 받아줄 수 있을 것 같았다고 했습니다. 그러나 막상 여자 친구와 헤어지고 나자 자신이 억울하고 손해 보았던 일들이 일일이 기억났습니다.

매일매일 그 일들을 생각했으며, 이전 여자 친구에 대한 분노와 화는 더욱더 커졌습니다. 그러던 어느 날 전 여자 친구 집 앞에서 그녀를 기다렸다가, 퇴근하고 돌아오는 그녀를 폭행했습니다.

한때 사랑했던 사람이고 그때는 다 용서하고 받아 주었던 일들이, 헤어지고 난 후 분노와 억울함으로 돌아오는 것은 무엇 때문인가요? 당시에 몰랐던 것을 뒤늦게 깨달았기 때문일까요?

정화 씨는 그 남자를 진정 미워하게 되었고, 다시 잘되고픈 일말의 미련도 없으니 자신의 마음이 정리된 것이라고 믿었습니다. 그리고 우울증도 곧 나아질 거로 생각해 더 이상 병원에도 오지 않았습니다.

그러나 한 달 정도 지나 그녀는 다시 저를 찾아왔습니다. 우울하지는 않지만 너무 화가 나서 견딜 수 없다고 했습니다. 그동안 그렇게 살아온 자신이 너무 억울하고 분해서 하루에도 몇 번씩 눈물이 난다고 했습니다. 이런 생각들로 잠도 이루지 못하고 있었습니다.

저는 그녀에게 "정화 씨는 아직 그 남자에게서 벗어나지 못했습니다. 아직도 정화 씨 마음에는 그 남자가 습관이 되어 있습니다"라고 말했습니다. 그녀는 그 남자가 습관이 되었다는 것이 무슨 뜻인지 물었습니다.

중요한 관계를 맺은 사람은 습관이 된다

마음을 큰 대지에 비유해 봅시다. 그 큰 땅은 처음에는 아무것도 들어서지 않아 황량하고 백지 같은 상태입니다. 시간이 지나고 다른 사람들과 관계를 맺으면서 내 마음의 일부를 그들에게 빌려 줍니다.

예를 들어 아이는 부모에게 자기 마음의 상당 부분을 내어 줍니다. 부모에게 허락한 그 땅은 부모에 대한 기억, 추억, 감정, 생각 들로 채워집니다. 부모와 떨어져서 지내는 시간 동안 조금은 무섭고 외로워도 자기 마음속 일부를 차지한 부모에 대한 추억과 부모도 날 사랑하고 있다는 믿음, 그리고 부모에 대한 이미지를 토대로 그것을 이겨 냅니다.

이렇게 나와 중요한 관계를 맺은 사람들은 내 마음 안에 들어와서 내 마음의 일부를 사용하는 것입니다. 그 사람을 떠올릴 때 드는 감정, 추억, 기억, 생각 들은 그 사람에게 허가한 영토에 보존된 것입니다.

수많은 사람이 각자 다른 크기의 영토를 가지고 내 마음 안에서 살고 있습니다. 나에게 중요한 사람일수록 내 마음속 영토를 크게 사용하고 있겠지요. 어떤 사람이 습관이 된다는 것은 이런 의미입니다.

나에게 중요한 의미의 사람이 차지한 커다란 영토는 마치 그린벨트처럼 웬만하면 그 지역을 내주지 않으려는 습성을 갖습니다. 뇌가 익숙해진 것을 바꾸지 않으려고 하는 것이지요. 이렇게 그린벨트처럼 쉽게 바뀌지 않는 영토를 차지한 사람을 '습관이 된 사람'이라고 말할 수 있습니다.

갑작스러운 이별을 겪은 사람은 흔히 이런 말을 합니다. "마음 한 부분이 뻥 뚫린 것 같아요. 구멍이 숭숭 나서 바람이 통하는 것 같아요." 어떤 사람이 갑자기 사라짐으로써 그 사람이 차지했던 영토가 마음속에서 주인을 잃은 것입니다. 그 부분이 순간 뻥 뚫린 것처럼 느껴집니다. 시간이 지나면 그 영역은 회수되고 새로운 임대인을 찾겠지요.

누군가와 진정 이별한다는 것은 내 마음속에서 그가 차지했던 땅을 회수하는 것입니다. 그리고 그 땅을 다른 누군가에게 빌려주거나, 중요하게 생각하는 취미, 공부, 물건 들로 채우는 것입니다. 어쩌면 새 임대인을 찾지 못한 채 오랜 기간 공허하게 남아 있을 수도 있겠지요.

정화 씨의 경우를 다시 살펴봅시다. 그녀는 그 남자가 사용했던 영토를 회수했나요? 사랑에서 미움이라는 감정으로 바뀌기만 했을 뿐, 그 남자가 차지한 영토의 크기는 변하지 않았습니다. 그 남자는 아직도 습관처럼 남아 있습니다.

한 시간에도 몇 번씩 생겨나던 애정은 한 시간에도 몇 번씩 끓어오르는 미움으로 대치되었을 뿐, 그가 점령한 영역은 아직도 그녀의 것이 되지 못했습니다. 그녀의 뇌는 그에게 많은 영토를 내주던 습관을 지키려고 애씁니다.

헤어진 사람을 잊는
가장 빠른 방법

이것은 우리가 앞서 살펴본 감정습관과도 결국 통합니다. 극단적인 감정은 반대쪽에 있는 극단적인 감정으로 얼굴만 바꾼 채 습관을 유지하려 한다는 것 말입니다. 그래서 우리는 애증이라는 말을 자주 사용합니다.

서로 반대되는 감정인 사랑과 증오는 오히려 같이 다닐 때가 많습니다. 사랑만큼 증오도 강한 감정이기 때문입니다. 사랑했던 감정은 미움으로 얼굴만 바꾼 채, 마음속 영토를 유지하는 것입니다.

그런 의미에서 보면 사랑했던 사람을 진정 잊는다는 것은 미워하게 되는 것이 아닙니다. 극단에 익숙해진 감정습관을 소소한 감정들이 극복하게 해 주었던 것처럼, 여기서도 그와 비슷한 무언가가 필요합니다.

흔한 질문이지만, 매우 중요한 질문을 하나 하겠습니다. "사랑의 반대말은 무엇입니까?" 예상했겠지만, 이 질문의 대답은 미움이 아닌 무관심입니다.

그 남자에게 무관심하게 될 때 비로소 그녀의 영역은 회수되고 진정한 이별을 하게 됩니다. 그렇다면 그녀는 그를 증오하는 대신 어떻게 해야 무관심해질 수 있을까요? 많은 시간이 흐르면 다른 방법을 쓰지 않아도 점점 그에게 무관심해질 것입니다. 하지만 더 빨리 그를 잊는 방법이 있습니다.

바로 용서하는 것입니다. 그를 용서해야 합니다. '그는 그 정도 능력밖에 안 되는 사람이구나. 그 정도 깜냥밖에 안 되는구나. 어찌 보면 불쌍한 사람이네. 그래, 이제 네 갈 길 가라. 용서하겠다' 이렇게 보내 주는 태도가 도움이 됩니다. 미움도 결국 그를 붙들고 싶어 하는 습관에서 나온 것임을 알아야 합니다.

여기서 끝이 아닙니다. 용서해야 할 중요한 사람이 하나 더 있습니다. 바로 자신이지요. 그녀가 분노하는 이유 중 하나는 바로 자기 자신 때문입니다. 그런 남자에게 빠져서 시간을 낭비한, 너무도 바보 같았던 자신에 대한 화가 있습니다. 이 화를 풀 곳이 없기에 그에게 영토를 계속 내주고 그를 미워하며 자신은 숨어 있고 싶은 것입니다.

'용서'라는 것, 타인을 용서하고 나 자신을 용서하는 것, 이것이 내 마음속에 지독하게 자리 잡은 미움이라는 영토를 회수하는 지름길입니다.

이별의 과정은
생략할 수
없습니다

"몇 년간의 기억을 사라지게 하는 약은 없나요?", "어떤 사람에 대한 기억을 없앨 수는 없나요?"

이런 질문을 하는 사람이 적지 않습니다. 너무나 가혹한 상처를 받았거나 트라우마를 겪은 사람들이 하는 말이지요. 그 중에는 사랑하는 사람과 고통스럽게 이별한 사람도 있습니다. 김민자 씨도 그랬습니다.

60세인 그녀는 얼마 전 남편과 사별했습니다. 평소에 남편은 별다른 이상 없이 건강했습니다. 그가 죽는다는 것은 생각지도 못했습니다. 그러던 그가 어느 날 갑자기 쓰러졌습니다. 병원에서 바이러스성 뇌염이라는 말을 들었습니다. 남편은 의식을 찾

감정은 습관이다

지 못했고, 중환자실로 옮겨졌습니다. 의료진들은 기다려 보자고 했지만, 남편은 끝내 깨어나지 못했습니다. 뇌염에 걸린 지두 달 정도 지나, 남편은 사망했습니다.

사실 남편은 그렇게 다정한 사람은 아니었습니다. 젊어서는 도박도 많이 했고, 여자 문제로 민자 씨의 속을 썩이기도 했습니다. 그런데도 그녀는 남편의 죽음에 대한 죄책감으로 너무나 힘들어했습니다. 자신이 더 잘했어야 했는데 못해서 이렇게 된 것 같다며, 진료실에서 울고 또 울었습니다.

"하루 종일 남편 생각이 나요. 같은 사건도 몇 번씩 다르게 생각해 보게 되네요. 어떤 때는 그때 목소리가 생각나고, 어떤 때는 그때 표정이 생각나요. 남편과 함께했던 추억들이 자꾸 떠올라요. 그때 남편은 무슨 생각을 했을까? 어떤 표정을 지었지? 어떤 옷을 입고 있었나? 이런 것들이요."

그녀는 남편과의 추억이 더 이상 기억나지 않으면 좋겠다고 했습니다. 기억을 지우는 약이 없냐며 진지하게 물었습니다.

마음속
관계의 집

우리는 깊은 관계를 맺었던 사람을 떠나보내야 할 때 바로 잊지 못합니다. 내 마음속 영토를 많이 차지하고 있던 중요한 사람일수록 자꾸만 생각이 나고 그가 한 말, 그의 표정이 반복해서 떠오릅니다. 그 사람을 잊는 건지, 더 생각하는 건지조차 헷갈립니다.

왜 이별할 때 그 사람에 대한 사소한 것까지 다시 생각나게 되는 걸까요? 이건 민자 씨 말대로 불필요한 과정일까요? 결론적으로 이야기하자면 이런 과정은 꼭 필요합니다. 내 안에 오랜 기간, 또 많은 영토를 차지하던 사람과 이별할 때는 더욱 그렇습니다.

앞에서 살펴본 대로, 어떤 사람과 인연을 맺고 지낸다는 것은 그 사람이 내 마음속 영토의 일부분을 차지하는 것과 같습니다. 여기서는 이해가 더욱 쉽도록, 땅보다는 집에 비유해 보려고 합니다.

나와 관계를 맺는 사람은 내 마음 안에 각자의 집을 짓고 있다고 생각해 봅시다. 나에게 중요한 사람은 더 큰 집을 짓고 내 마음속에 머물고 있겠지요. 그 사람과의 관계가 굳건할수록 집을 이루는 벽돌도 더 단단하고, 콘크리트도 더 튼튼할 것입니다. 반면 나와의 관계가 그리 깊지 않은 사람은 비교적 작은 집을 짓고, 벽도 그리 단단하지 않을 것입니다.

재료들이 많이 모여야 벽은 더 단단해지고 집도 더 커집니다. 이 집을 이루는 재료는 무엇일까요? 그 재료들은 그 사람과 관련된 추억, 기억, 감정, 이미지 들입니다. 그것들이 많을수록 내 마음에서 차지하는 비중도 커지고 집도 더 단단하고 튼튼해지는 것입니다. 예를 들자면 아이의 마음속에는 엄마가 가장 크고 단단한 집을 짓고 있는 것과 같습니다. 그럼 그 집이 어떻게 형성되었는지 살펴봅시다.

갓 태어난 아이에게는 엄마에 대한 아무런 정보가 없습니다. 엄마라는 통합적인 이미지가 없는 아이는 엄마의 손, 얼굴, 가슴 등을 한 사람의 것으로 생각하지 못합니다. 엄마라는 하나의 이미지가 없어 손은 손대로, 얼굴은 얼굴대로 다른 사물로 인식합니다. 엄마의 목소리, 체온, 느낌도 마찬가지입니다. 하나의 인물인 것을 모릅니다.

여러 차례 엄마와의 접촉이 반복되고 다양한 경험들을 공유하면서 엄마에 대한 통합적인 이미지가 생겨납니다. 엄마의 얼굴도 옆에서, 앞에서, 밑에서 다양한 각도에서 바라보고 하나로 통합합니다. 목소리와 행동도 각기 다른 상황, 다양한 각도에서 관찰한 후 통합합니다. 이렇게 각각의 재료들이 모여 마음속에 '엄마'라는 하나의 이미지를 만듭니다.

이처럼 마음속에 생겨난 한 사람에 대한 통합적 이미지를 정신학적으로 '표상'이라고 부릅니다. 엄마의 표상이 형성되었다는 것은 마음속에 엄마라는 집이 완성되었다는 것을 의미합니다. 엄마와 함께한 추억이 많을수록, 엄마에 대한 각각의 정보가 많을수록 집을 구성하는 재료도 많아집니다. 집도 크고 단단해지겠지요. 엄마를 떠올릴 때 생생하고 확고한 이미지가 떠오르는 것은 이렇게 강한 표상으로 마음 안에 자리 잡고 있기 때문입니다.

이별 후 마음속 집을
철거하는 과정

수많은 경험, 기억, 공유한 추억 들을 통해 나와 관계한 사람들은 내 마음속에 표상이라는 집을 만듭니다. 그런 사람들과 이별하면 마음속에는 어떤 변화가 올까요?

만약 이별 후에도 그 집이 그대로 있다면, 그 사람이 나에게 주는 영향력이 지속되는 것입니다. 마치 이별하기 전의 습관처럼 나에게 영향을 주겠지요. 그러므로 어떤 사람과 진정한 이별을 하고 마음속에서 보내 준다는 것은 그 집을 철거해야 함을 의미합니다. 그래서 그 집이 있던 자리에 다른 사람의 집이 들어올 수 있게 영토를 확보하는 것입니다.

철거라고 하니 표현이 좀 과격하게 들리네요. 그 사람의 이미지를 부순다거나 파괴한다는 뜻은 아니고, 마음속에서의 비중을 줄인다는 느낌으로 이해하면 좋겠습니다.

어떤 사람이 나에게 중요한 인물이 되기까지 수많은 정보와 추억들이 얽히며 집이라는 표상이 만들어집니다. 이런 집은 단

감정은 습관이다

박에 철거될 수 없습니다. 그렇게 단박에 없애려고 하면 오히려 여러 가지 문제가 발생합니다. 하나씩 조심스럽게 재료들을 분해하며 철거해야 합니다. 그래야 그 자리에 공터가 생기고 다른 집이 들어설 수 있는 것입니다.

이러한 과정이 바로 이별의 과정입니다. 처음 집이 만들어질 때 하나하나의 추억들이 모이고, 감정이 쌓이고, 다양한 각도의 이미지가 쓰였던 것처럼 하나하나 분해됩니다. 이렇게 분해되는 기억들이 머릿속에 다시 떠오르는 것입니다. 같은 사건도 반복해서 떠오르고, 다른 각도에서 자꾸 생각납니다. 더디지만 이렇게 하나하나 보내 주며 상실감을 극복하는 것입니다.

하지만 집이 철거된다고 해서 그 사람이 완전히 잊히는 것은 아닙니다. 이전보다는 훨씬 작은 영토지만, 내 마음 한 부분은 여전히 그가 차지합니다. 한번 나와 인연을 맺었던 사람은 완전히 잊히지 않습니다.

마음속 작은 영역에서 항상 그 사람을 기념하게 됩니다. 나에게 특히 중요했던 인물은 마음속 집이 철거되어도 그 옆에 작은 박물관이 하나 들어선다고 보면 됩니다. 그와의 추억, 기억, 감정 들 중에서 중요했던 것들을 보관하는 박물관입니다.

그렇게 그가 있던 자리는 다른 건물을 지을 수 있는 땅이 되고, 원래 집은 그 옆의 작은 땅 위에 조그마한 박물관으로 옮겨지는 것이 진정한 이별의 과정입니다. 그를 기념할 수 있고, 기억할 수 있고, 때로는 슬퍼할 수 있는 작은 영토와 박물관은 꼭 필요하며, 이별의 과정이 완료되었음을 보여 주는 것입니다.

이별 후에 그 사람이 기억나지 않을까 봐, 영원히 잊게 될까 봐 걱정하는 사람도 있습니다. 하지만 그렇지 않습니다. 건강한 이별이란 새로운 관계를 위해 영역을 다시 확보하면서도 이전의 중요한 추억을 마음 한편에 보관하는 것입니다.

이별의 과정에는 시간이 필요합니다. 계속해서 그 사람에 대해서 생각하고, 그 사람을 기념하는 박물관으로 추억들을 하나씩 보내게 됩니다. 이 과정은 생략할 수 없습니다. 괴롭고 더디도 내가 상실을 극복하고 있다고 생각하십시오.

오히려 이런 과정 없이 이별 후 아무렇지 않거나 너무 담담하게 받아들이는 사람들이 걱정스럽습니다. 이별 전 그 사람이 사용하던 땅과 집을 그대로 남겨 두려는 마음의 습관이 나오는 것입니다. 외부의 현실이 마음에 영향을 주지 못하고, 마음에서는 그를 보내지 않는 것입니다.

집은 주인을 잃은 채 나의 마음속에 계속 남겠지요. 그 사람의 영향력이 지속되며 문제를 야기할 것입니다. 시간이 한참 지난 뒤 우울증이 올 수도 있습니다. 주인 없는 집은 공허함과 허무함, 외로움으로 재등장하기 때문입니다.

어떤 사람을 단박에 잊게 하는 약은 없습니다. 아니, 그런 약은 있어서도 안 됩니다. 이별의 과정이 있어야만 또 다른 인연

감정은 습관이다

의 집이 굳건히 들어설 수 있기 때문입니다.

　사별로 고통스러워하던 민자 씨는 슬프고 괴롭지만 이별의 과정이 반드시 필요함을 이해했습니다. 그런 애도의 과정을 통해 자신의 마음이 다시 정리되고, 그 안에서 힘을 얻을 수 있음도 알았습니다. 그녀는 남편이 생각나면 생각나는 대로 막으려 하지 않겠다고 했습니다. 슬픔이 오면 맘껏 슬퍼하겠다고 했습니다. 이별 후에 감정을 충분히 해소하지 못하면 나중에 더 큰 문제를 유발할 수 있음을 이해한 것입니다.

　그녀의 우울과 슬픔은 점차 회복되었고, 병원에 오지 않게 되었습니다. 그 후 소식을 듣지는 못했지만, 애도의 과정을 충실히 마친 그녀는 분명 씩씩한 모습으로 잘 지내고 있을 겁니다.

Chapter 4

"부정적인 감정습관에서
한 발짝 멀어지세요"

감정습관 바로잡는 법

일반적이며 전체적인 감정습관도 있지만,
상황별로 따로 존재하는 감정습관도 있습니다.

지금까지 전체적이고 큰 감정습관에 대해 살펴보았다면,
이번에는 상황별로 존재하는 작은 감정습관들을 알아보겠습니다.
또한 앞에서는 개념적인 면에 집중했다면,
이제부터는 부정의 감정습관을 수정하는
실제적인 방법을 알아보는 데 집중할 것입니다.

새로운
감정
상상하기

상상 노출법

지금까지는 감정습관의 개념에 대해 알아보았습니다. 간단히 말하면 '나도 모르게 익숙해진 감정을 찾고 있다'는 것이지요. 그런데 이런 감정습관은 작은 상황들마다 따로 존재하는 경우도 많습니다. 즉, 어떤 상황에 따라 익숙해진 맞춤 감정이 따로 있다는 것입니다.

어떤 이는 사람이 많은 곳만 가면 불안해집니다. 어떤 이는 자녀가 말을 안 듣는 상황에서 유독 분노가 생깁니다. 이렇게 각각의 상황별로 익숙해진 감정습관에 대해서도 알아보아야 합니다.

지금까지는 거시적인 관점에서 감정습관을 살펴보았다면, 이번에는 잘게 쪼개어 보는 것이지요. 결국에는 그런 작은 상황들이 모여 전체적인 감정습관과 나에게 가장 익숙한 감정을 결정합니다. 그렇기에 상황별 감정습관을 이해하고, 변화시키는 것이 중요합니다.

이번 챕터에서는 상황에 따라 습관이 된 나의 감정들을 살펴보고, 그것들을 긍정적으로 만들어 가는 방법을 구체적으로 살펴보겠습니다.

상황에 따라
감정이 습관화되는 과정

우선 상황별로 감정이 습관화된다는 것에 대해 좀 더 알아보아야겠지요? 상황별로 생기는 감정습관을 이해하는 데는 그 유명한 '파블로프의 개' 실험이 도움이 됩니다.

파블로프는 개에게 먹이를 줄 때마다 종소리를 들려주었습니다. 오랜 기간 그런 식으로 먹이를 주고, 나중에는 먹이를 주지 않고 그저 종소리만 들려주었습니다. 그러자 개는 마치 먹이가 주어진 것처럼 침을 질질 흘렸습니다.

바로 특정 상황(자극)에 습관화가 된 것입니다. 여기서 특정 상황이란 종소리가 될 것이고, 습관이 된 반응은 침이 흐르는 것입니다. 이것을 도식으로 나타내면 다음과 같습니다.

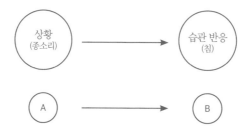

감정도 이 원리를 따릅니다. 어떤 상황(자극)과 거기에 따르는 감정이 반복된다면 습관화가 됩니다. 처음에는 그 감정이 일어난 실제적인 이유가 있겠지만, 반복되다 보면 나중에는 비슷한 상황만 되어도 그 감정이 생겨납니다. 왜 이런 감정이 생겨나는지도 모르는 채 말입니다.

정도의 차이는 있지만, 누구나 상황에 따라 습관화된 감정으로 고생합니다. 누군가는 그저 상사가 큰소리만 내도 내가 잘못한 게 아닌가 불안해집니다. 어떤 사람은 부인이 자신을 믿지 못하는 듯한 말을 할 때마다 정도 이상으로 화가 납니다. 평소 점잖은 사람이 운전석에만 앉으면 예민해지기도 합니다. 이런 것들이 바로 상황에 습관화된 감정들입니다.

습관화된 감정을
유발하는 자극 찾기

저를 찾아왔던 환자 중 김미경 씨가 생각납니다. 대학생이던 그녀는 발표 불안을 호소하며 도움을 요청했습니다. 어려서부터 남들 앞에 서서 발표하는 상황이 되면 너무 떨리고 얼굴이 달아올랐으며 가슴이 두근거려 제대로 말하지 못했습니다. 그래서 가능한 한 발표를 피하면서 지내 왔습니다.

그러나 대학생이 되고 나니 피할 수 없는 발표들이 많아졌고, 절실한 심정으로 병원을 찾은 것입니다. 그녀에게는 발표라는 상황에 습관화된 감정, 즉 불안이 있는 것입니다.

그녀에게 발표하는 상황 중에서도 특히 신경 쓰이는 부분을 물었습니다. 처음에는 그저 발표 자체가 싫다고 했지만, 눈을 감고 곰곰이 생각에 잠긴 뒤 이렇게 말했습니다.

"듣는 사람들의 시선과 표정이 신경 쓰여요." 자신을 빤히 쳐다보는 수많은 눈빛과 그들이 짓는 표정을 보면, 내 발표를 싫어하는 것처럼 느껴지고 자신을 비웃는 것처럼 보인다고 말했습니다.

그녀에게 직접적인 자극은 사람들의 눈빛과 표정이었습니다. 그것을 보는 순간 즉각적으로 습관화된 불안이 발생하는 것이었지요. 이것과 연관해 그녀가 떠올린 기억이 있습니다.

초등학교 5학년 발표 때였습니다. 그전까지는 발표에 특별한 부담이 있지 않았다고 합니다. 앞에 나와서 각자 지은 동시를 발표하는 시간이었는데, 발표 전부터 자신이 지은 동시가 너무 유치하다는 생각이 들었습니다.

차례가 되어 발표하는 도중 반 전체가 낄낄거리며 웃었습니다. 좋아하던 남자아이도 예외가 아니었습니다. 그날부터 며칠간 그 남자아이의 웃던 모습이 떠올라 괴로웠다고 합니다.

이후 발표 시간이 되면 그 남자아이의 얼굴부터 힐끔거리며 의식했습니다. '또 웃으면 어떡하지?' 생각하며 바짝 긴장했습니다. 평소 같았으면 별문제 없이 발표할 내용들도 실수하기 시작했습니다. 그러면 아이들은 영락없이 웃었습니다.

그렇게 미경 씨는 듣는 사람의 표정에 더 신경 쓰게 되었고, 발표는 점차 공포가 되었습니다.

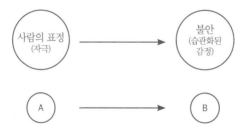

그녀에게 형성된 불안의 시작을 알 수 있었습니다. 하지만 시작을 알았다고 해서 문제가 해결되지는 않습니다. 습관은 그 원인을 알았다고 해서 없어지는 것이 아니니까요. 변화를 위해서는 자극(A) → 반응(B)의 도식에서 A가 바뀌거나, B가 바뀌어야 합니다.

습관화된 감정을 바꾸는
상상 노출법

먼저 여기서는 B, 즉 습관화된 감정을 바꾸는 방법을 알아보겠습니다. 반응(B)을 바꾸는 방법은 사실 간단합니다. 같은 자극이 왔을 때 이전과 다른 감정(B')을 반복해서 느끼는 것입니다. 그러면 새로운 감정습관이 형성될 테니까요.

예를 들어 미경 씨 같은 경우, 발표할 때 느끼는 극도의 불안함보다 약한 긴장감을 반복해서 느낄 수 있다면 더 이상 발표가 괴로운 일이 아니게 될 것입니다. 한데 발표 불안이 있는 사람에게 발표할 때 불안을 느끼지 말라는 것은 하나 마나 한 이야기입니다. 해 보려 해도 그게 안 되어서 고민이니 말입니다.

다행히도 '상상 노출'이라는 방법을 이용하면 이 문제를 극복할 수 있습니다. 우리의 뇌는 생생하게 상상하면 이를 실제 일어난 일처럼 받아들입니다. 2001년, 하우아이젠Haueisen과 크뇌세KnÖsche는 피아니스트들이 음악을 듣거나 피아노 치는 것을 상상하기만 해도 실제 피아노를 치는 것처럼 손가락을 움직이는 뇌 부위가 활성화된다는 것을 알아냈습니다. 또한 미국의 나키아 고든Nakia Gordon의 연구에 따르면, 단지 웃는 모습을 상상하는 것만으로도 우리의 감정이 긍정적으로 바뀌며, 실제로 웃을 때와 같은 뇌 영역이 활성화된다는 것을 발견했습니다.

그 밖에도 수많은 연구에서 생생한 상상을 하면 우리의 뇌가

　　　　　　　　　　　　감정은 습관이다

마치 실제로 그 일을 하는 것처럼 착각한다는 것을 알 수 있습니다. 즉, 상상만으로도 실제 행동을 하는 듯한 효과를 볼 수 있고, 생생한 감정도 만들어 낼 수 있는 것이지요.

그렇다면 상상을 통해 새로운 감정습관을 만드는 것도 가능합니다. 그 방법이 바로 상상 노출입니다. 이 상상 노출법을 활용해 상상 속에서 발표해 보는 것입니다. 내게 자극이 되는 상황을 생생하게 떠올리는 것이지요. 상상이기 때문에 부담감도 덜하고 불안도 줄일 수 있습니다. 안전한 상상 속에서 불안해하지 않는 경험을 반복하는 것입니다.

단, 처음부터 가장 어려워하는 상황을 떠올리면 안 됩니다. 먼저 가장 쉬운 상황부터 가장 어려운 상황까지 1~4단계를 배열한 뒤, 가장 쉬운 1단계로 친한 친구 몇 명 앞에서 편하게 발표해야 하는 상황부터 상상합니다.

편안한 의자에 앉아 복식 호흡을 합니다. 몸과 마음이 편안해졌다고 느껴지면 눈을 감고 1단계의 상황으로 들어갑니다. 오감을 동원해서 진짜 그 자리에 있는 것처럼 상상합니다. 발표 대기부터 발표를 마칠 때까지 빼놓지 말고 상상합니다.

중간에 불안해지고 걸리는 부분이 생기면 잠시 상상을 멈추고 '이건 상상이다'라고 마음을 가라앉힌 뒤 어떻게 대처하는 게 좋을지 생각합니다. 그리고 심호흡을 크게 하고 다시 상상 속으로 들어갑니다.

중간에 포기하면 안 됩니다. 중간에 중단하면 그저 발표 불안이라는 습관을 다시 한번 강화하게 됩니다. 이런 방법을 반복하면 점점 차분하게 발표하는 자신의 모습을 쉽게 상상하게 될 것입니다. 쉬운 단계의 발표가 자연스러워졌다면 다음 단계로 올립니다. 사람이 좀 더 많은 상황을 생각해 보는 것입니다.

이런 식으로 반복하면 뇌가 점점 새로운 습관을 들입니다. 그런 뒤에 실제 발표에 도전해 봅니다. 물론 실제 발표도 단번에 어려운 상황부터 하면 안 됩니다. 상상 노출과 보조를 맞추어 가며 가장 쉬운 상황부터 단계적으로 익숙하게 습관을 들이며 어려운 단계로 올라가야 합니다.

이런 상상 노출법을 각자에게 맞도록 적용해 보십시오. 남자 친구와 연락이 안 될 때 덜컥 불안감을 느낀다면, 연락이 안 되는 상황을 떠올리고 차분히 대처하는 모습을 자꾸 상상해 보십시오.

남이 나를 조금만 무시하는 것 같아도 극도의 분노가 치미는 사람은 그런 상황을 떠올리고, 여유를 가지고 대처하는 상상을 해 나가면 됩니다. 꾸준하게 반복하면 반드시 새로운 습관을 들이게 될 것입니다.

감정은 습관이다

아이에게 과도하게 화내는 사람의 상상 노출 단계 예시

단계	상황
1단계(가장 쉬운 단계)	아이가 외출했다 돌아와서 씻지 않으려고 떼를 쓴다.
2단계	숙제를 도와주는데 집중하지 않고 산만하게 딴짓을 한다.
3단계	식사 시간에 반찬 투정을 하며 이리저리 돌아다닌다.
4단계	동생과 싸우면서 엄마가 안 보면 몰래 동생을 때린다.

자극과 감정의
연결고리
찾기

생각습관 수정

앞서 조건화된 감정은 A(특정 상황) → B(습관화된 감정)라는 도식으로 이루어진다고 했습니다. 실은 이 도식에 한 가지 추가할 사항이 있습니다.

사실 A → B보다는 A → C and B가 더 정확한 표현입니다. 감정인 B와 거의 동시에 C라는 것이 함께 생겨나는 것입니다. 습관화된 감정과 동시에, 혹은 조금 앞서서 발생하는 C가 있다는 뜻이지요. 여기서 C가 의미하는 것은 '생각'입니다.

많은 경우, 어떤 상황과 짝지어진 감정이 발생하는 순간 습관화된 생각도 함께 발생합니다. 발표 공포증이 있는 사람이 발표하는 상황이 되어 불안이 생겨났다면, 그 불안과 함께 '아, 실수

감정은 습관이다

하면 어떡하지?', '나는 사람들 앞에서 망신당하고 말 거야'라는 생각도 같이 드는 것입니다. 하지만 이런 생각은 순간적으로 스쳐 가는 경우가 많은데, 나중에 뒤돌아보면 불안했던 느낌은 뚜렷하게 기억나도 그 당시 어떤 생각들이 지나갔는지 잘 기억나지 않습니다.

즉, 기억이 나지 않아서 그렇지 감정이 나타나기 직전에 생각이 스쳐 가는 경우가 많습니다. 대인 공포증이 있는 사람은 모르는 사람과 만나는 순간 '저 사람은 나를 이상하게 볼 거야' 또는 '나를 싫어할 거야'라는 생각이 순식간에 스칩니다. 이후에 그 생각과 함께 촉발된 불안이 지속되는 것이지요.

그러고 나서 당시의 생각은 기억나지 않고 그저 '사람을 만나기만 하면 나도 모르게 불안해진다'는 식으로 감정만 기억날 것입니다. 따라서 습관화된 생각을 조절할 수 있어야 습관화된 감정 또한 수월하게 조절하게 됩니다.

감정을 유발하는
특정한 상황이 있다

30대 초반의 김명중 씨는 소위 잘나가는 대기업의 과장으로, 직업적인 능력을 인정받고 있었습니다. 둥글둥글한 성격으로 대인관계도 좋았습니다. 병원을 찾은 첫날 그는 공손한 말투와

조리 있는 설명으로 친근감을 느끼게 했습니다.

그가 저를 찾아온 이유는 가끔 생겨나는 알지 못할 불안감 때문이었습니다. 평소에는 큰 문제 없이 지내다가 갑작스럽게 불안감이 몰려와 너무 힘들다고 했습니다.

어떤 순간에 불안감이 몰려오는지 물어보았으나, 스트레스가 있는 상황에서 그런 것 같기는 한데 정확히는 모르겠다고 했습니다. 즉, 불안을 가중하는 구체적인 상황을 잘 기억하지 못했습니다.

저는 그에게 불안을 유발하는 자극(A), 즉 특정 상황이 있을 것이라고 생각했습니다. 그래서 감정 수첩을 작성해 보라고 하였습니다. 불안을 느끼면 지체하지 말고 그때의 상황에 대해 객관적으로 적으라고 설명했습니다. 또한 그때 느낀 감정을 그냥 불안이라고만 하지 말고 좀 더 세분화해 보도록 조언했습니다.

일주일 뒤 다시 방문한 그가 수첩을 보여 주었습니다. 거기에는 총 세 번의 경우가 적혀 있었습니다.

상황	감정	세분화된 감정
부모님이 월요일에 돈 문제로 다툼	불안	내가 뭘 할 수 있을까 하는 무력감
어머니가 나에게 아버지는 고집이 세고 문제가 많다며 뒷담화를 함	불안	나도 아버지 욕을 한 것 같고, 어머니 감정도 제대로 풀어주지 못했다는 죄책감
직장에서 상사 두 분이 말다툼을 함	불안	싸움이 커져서 아랫사람들에게 피해가 오지 않을까 하는 두려움

감정은 습관이다

불안을 유발한 상황들에 어떤 공통점이 있는지, 그리고 그가 느낀 무력감과 죄책감의 원인이 무엇인지 단박에 알기는 어려웠습니다. 저는 그에게 그때 상황들, 또 그때 느낀 감정들을 다시 한번 생생하게 떠올려 보라고 했습니다. 그리고 그 기분과 연관되는 어릴 적 기억을 찾아보라고 했습니다.

그 과정에서 명중 씨는 한 가지 기억을 떠올렸습니다. 그가 초등학생 때부터 부모가 자주 싸웠습니다. 사소한 것으로 시작해도 결국에는 큰 싸움이 되었으며, 폭력적인 싸움이 되는 일도 있었습니다. 아버지는 어머니를 때리고, 어머니는 이혼하겠다며 울부짖는 장면이 그의 머릿속에 떠올랐습니다.

초등학생이던 명중 씨는 그럴 때 아무것도 할 수 없었습니다. 그저 방안에 웅크리고 앉아 불안에 떨며 싸움이 끝나기만을 바랐습니다. 이런 일은 한 달에 한 번 꼴로 있었다고 합니다.

어린 명중 씨에게 이런 일 한 번, 한 번이 모두 극심한 스트레스였을 것입니다. 이렇게 극심한 스트레스 상황들은 횟수가 많지 않아도 그 강렬함 때문에 상황과 감정이 쉽게 습관화됩니다.

그에게 최근에 느꼈던 불안이 어릴 적 감정과 비슷한지 물었습니다. 어린 시절 습관화된 감정이 현재 반복되는 것인지 확인하고 싶었습니다.

"네, 지금 보니 정말 그렇네요. 그때의 감정과 비슷합니다."

그랬습니다. 부모가 싸우는 상황이 되면 자신도 모르게 어렸을 때부터 습관이 된 불안감이 되살아났던 것이었습니다.

상황에 습관화된
잘못된 생각 수정하기

인상 깊은 것은, 그가 그런 상황에서 무력감과 죄책감을 느낀다는 것입니다(192쪽 표 참조). 왜 하필 무력감과 죄책감이 습관화되었을까요?

저는 명중 씨에게 어린 시절 부모가 싸우던 그 상황 속으로 돌아가 보라고 했습니다. 눈을 감고 그때의 상황으로 가서 당시의 장면, 소리, 냄새, 촉감 등의 감각을 생생하게 느껴 보라고 했습니다.

잠시 뒤 그가 불안에 떠는 모습이 보였습니다. 저는 그에게 이건 단지 상상일 뿐이고 이미 지나간 일이라고 말하며 더 큰 불안이 오지 않도록 안심시켰습니다. 그리고 물었습니다.

"어떤 생각이 들었나요?"

"내가 조금만 더 크다면… 내게 조금만 더 힘이 있다면… 엄마, 아빠가 싸우는 걸 막을 수 있을 텐데…. 내가 집에서 문제를 일으키지 않고 부모님 말씀을 잘 들었으면 저렇게 화가 나시지 않았을 텐데…."

그의 말을 듣자, 그가 가지고 있는 감정이 이해되었습니다. 그

감정은 습관이다

가 느낀 무력감은 힘이 없던 어린 시절 부모의 싸움을 말릴 수 없다는 좌절감이었으며, 그가 느낀 죄책감은 자신이 부모에게 더 잘했으면 싸우지 않았을 것이라는 죄의식의 발로였습니다.

이로써 그가 불안해하는 상황들의 공통점이 확연해졌습니다. 그는 아직도 부모가 싸우는 상황, 또는 부모가 싸울 것 같은 상황에 자극을 받았습니다.

더 나아가 윗사람이 다투는 상황에도 자극을 받아 어릴 적부터 습관이 된 무력감과 죄책감을 느끼는 것입니다. 이런 무력감과 죄책감의 뒤에는 '나는 아무것도 할 수 없고, 이것은 내 책임이다'라는 습관화된 생각이 도사리고 있습니다.

일주일 뒤 병원을 찾은 그는 그동안 몇 번 비슷한 상황에서 불안 증세가 있었다고 했습니다. 역시 그 순간에는 자신도 모르게 '내가 감당하지 못할 일이 생기면 어떡하지', '내가 더 잘했어야 했는데'라는 생각이 들었다고 합니다. 표현은 조금씩 변해도 근본적으로 '나는 아무것도 할 수 없고, 이것은 내 책임이다'라는 습관화된 생각이었습니다.

상황에 습관화된 생각을 바꾸어야 합니다. 저는 그에게 한 발짝 떨어져서 습관화된 생각이 적절한 것인지 살펴보라고 했습니다.

"그건 제 잘못도 아니고 당시의 제가 어찌할 수 있는 것도 아니었어요. 제 생각이 잘못되어 있네요. 그저 예전 생각이 굳어져 버린 것 같아요. 지금은 부모님보다 제가 훨씬 힘도 세져서 두 분이 싸우면 말릴 수 있고 화도 낼 수 있고… 또 많은 것들을 제 뜻대로 할 수 있는데… 마음은 여전히 힘없는 어린 시절에만 머물러 있네요. 지금은 알아요. 그 당시에 저 때문에 부모님이 싸운 게 아니란 걸요. 그리고 그 상황에서 오히려 위로받아야 했던 사람은 어린 저였다는 걸요."

그렇습니다. 그의 생각은 20년 넘도록 변하지 않았던 것입니다. 내가 성장해 힘이 생긴 것도 모르고, 그냥 어린 시절 생각만이 가혹하게 지속된 것입니다.

머릿속에 고착화된 생각습관을 점검하라

우리 주위에는 명중 씨와 같은 사람이 참 많습니다. 이렇게 이전의 생각에 습관화된 경우는 동물에서도 찾을 수 있습니다.

서커스단에서 코끼리를 길들이는 방법을 아시나요? 우선 어린 코끼리를 쇠사슬로 단단하게 묶어 놓습니다. 온 힘을 다해 도망가려고 하지만, 아직 힘이 없어 쇠사슬을 끊지 못합니다.

이후 세월이 흘러 덩치가 커진 코끼리는 그 사슬을 끊을 힘이 생겨도 도망갈 시도조차 하지 않습니다. 코끼리의 머릿속에 '이 쇠사슬은 내가 끊을 수 없어'라는 생각이 습관화되었기 때문입니다.

사육사가 내리치는 채찍을 맞을 때마다 어린 시절에 느꼈던 습관화된 공포와 좌절감을 느끼겠지요. '나는 여기서 도망갈 수 없어'라는 습관화된 생각과 함께 말입니다.

우리도 그렇지요? 지금 상황과 맞지 않는 잘못된 생각과 감정의 습관이 마음속에 많습니다. 이제라도 나도 모르게 습관이 되어 버린 과거의 생각들을 검사해야 합니다.

이것이 지금 상황, 그리고 현재의 나에게도 적절한 것인지 확인해야 합니다. 머릿속에 고착화한 생각들도 업데이트합시다. 버릴 건 버리고 새로운 데이터를 채워서 현재 상황에 더 맞도록 해야 합니다.

이럴 때 감정 수첩을 이용합니다. 나를 괴롭히는 감정이 생겨날 때마다 그 순간에 스치는 생각을 잡아내 수첩에 적으십시오. 이 생각은 매우 빨리 나타났다 사라지기 때문에 감정이 발생하는 순간 곧바로 적어야 합니다.

시간이 조금 지난 뒤 수첩을 꺼내어 적어 놓은 생각을 살펴봅니다. 그 생각이 적절한지 한 발짝 떨어져서 객관적으로 볼 수 있도록 노력합니다. 그러면 아까 했던 생각의 문제점이 보일 것입니다. 너무 지나치게 걱정했을 수도 있고, 과도하게 의심했을 수도 있겠지요.

현재의 나와 맞지 않는 생각이라고 판단되면, 그 옆에 가장 합리적이고 적절한 생각을 다시 적습니다. 다음에 또 비슷한 생각이 들면 뇌가 시키는 대로 따라 하지 말고, 옆에 적어 놓은 대로 생각하겠다고 다짐합니다. 합리적으로 수정된 생각을 새롭게 습관화하는 것입니다.

"이건 내 잘못이 아니다. 이제는 내 의견을 당당하게 말할 수 있고, 부모님도 내 의견을 존중할 것이다."

명중 씨는 이 문구를 수첩 가장 앞장에 적어 놓았습니다. 그리고 비슷한 상황이 되어 불안이 엄습할 때는 수첩을 꺼내 이 문구를 읽고 또 읽었습니다. 수주에 걸쳐 앞에서 배운 상상 노출도 시행했습니다.

서서히 효과가 나타났습니다. 부모가 싸우는 상황이 되면 불안해하지 않고, 주도적으로 개입해서 입장을 정리해 주고, 해결책을 의논했습니다. 거기서 소중한 자신감을 얻었습니다.

그 자신감을 토대로 회사 상사와의 관계에서도 무작정 주눅들지 않았습니다. 상사들끼리 싸우는 상황이 되어도 유달리 긴장하지 않았으며, 본인의 탓인 것처럼 자책하지 않았습니다. 그렇게 그는 자신에게 덧씌워진 습관의 사슬을 끊었습니다.

열등감이 습관이 된 사람의 감정 수첩 예시

날짜: 1월 15일

사건	상사가 내 보고서를 보고 다시 해오라고 한다.
당시 느낀 감정	불안, 자책감, 열등감
당시 생각	역시 난 능력이 없어. 나는 쓰레기야. 아무리 해도 난 안 될 거야.
현재 생각 (합리적인 생각)	처음 내는 보고서는 부족한 부분이 있다. 보완하라고 하는 것은 당연한 것이다. 이 때문에 나라는 인간이 부족하다고 생각하면 안 된다. 예전부터 가지고 있던 낮은 자존감 때문에 극단적으로 생각하고 있다.
앞으로의 자세	누구나 완벽할 순 없다. 어려서부터 굳어진 '난 안 될 거야'라는 생각에서 벗어나야 한다. 상사에게 혼나거나 인정받지 못한다고 해서 나 자신의 인격 자체를 폄하하면 안 된다.

감정을
유발하는
상황 바꾸기

회피 요법

　앞서 우리는 A → C and B라는 상황에 따라 형성된 감정습관의 공식을 보았습니다. 또한 B(습관화된 감정)와 C(습관화된 생각)를 바꾸는 법을 살펴보았습니다. 이번에는 A, 다시 말해 상황(자극)을 변화시키는 방법에 대해 알아보겠습니다.

　사실 상황(A)을 변화시키기는 쉽지 않습니다. 어떤 상황은 내가 생각지도 못하게 발생하고, 개인이 컨트롤하기 힘든 경우가 많기 때문입니다. 그래서 A보다 B와 C를 바꾸는 방법을 먼저 살펴본 것입니다.

　하지만 A라는 것은 어떤 상황 전체라기보다는 그 안에 있는 특정한 요소들인 경우도 있습니다. 또한 나도 모르게 고통스러

　감정은 습관이다

우면서도 특정 상황인 A를 찾아다니고 있을 수도 있습니다. 그런 경우에는 특정 상황과 자극을 피하는 것이 감정습관을 새롭게 만드는 좋은 방법입니다. 이렇게 상황을 바꾸는 방법을 '회피요법'이라고 합니다.

상황을 변화시켜야 하는 경우도 있다

40세의 오승혁 씨는 자신도 모르게 화가 폭발한다는 이유로 병원을 찾았습니다. 화가 나는 이유는 부인, 자식, 회사 생활 등 다양했습니다. 그렇지만 그가 폭발적으로 화를 낼 때의 상황에는 한 가지 공통점이 있습니다. 바로 그가 술에 취해 있었다는 것입니다.

술은 그의 감정을 격하게 만들고 화가 나도록 유도했습니다. 아마 이전부터 술을 마시고 화를 냈던 경험들이 쌓여 '화'라는 감정과 술이라는 자극이 떨어지기 힘든 짝이 된 것이겠지요.

그는 술이 화라는 감정과 연관되어 있다는 것을 이해하지 못했고 인정하지도 않았습니다. 술을 끊고 싶지 않았기 때문이겠지요. 그는 화가 나는 것은 술과 상관없는 일이라며, 화가 날 수밖에 없는 이유를 자세히 설명했습니다.

그의 이야기에도 일리가 있었습니다. 그가 술을 마셨기 때문에 없는 일을 만들어 화를 내는 것은 아니었습니다. 그의 이야기를 들으니 부당하고 억울한 것들이 많았습니다.

하지만 그가 모르는 것이 있습니다. 술에 취하면 화를 내는 것에 습관화된 뇌는 취기가 돌면 화가 날 일, 과거 일들 중에도 억울했던 일들을 유독 더 찾고 기억나게 한다는 걸 말이지요.

승혁 씨는 술에 취한 상태라는 A를 변화시킬 필요가 있었습니다. 그는 스트레스를 풀기 위해 술을 마신다고 했습니다. 하지만 결국 감정습관으로 인해 그의 분노는 더 커졌습니다. 술과 분노라는 사슬에 발목이 잡힌 것입니다.

그에게 금주할 것을 권했습니다. 그는 술을 줄여 보겠다고 했지만, 술을 마시다 중간에 멈추는 것은 쉽지 않으므로 아예 끊어야 한다고 조언했습니다. 술을 끊으라는 말에 거부감을 느낀 그는 이후 병원에 오지 않았습니다. 지금도 몸에 습관이 된 술과 마음에 습관이 된 분노를 찾아 헤매고 있지는 않을까 걱정이 됩니다.

감정습관과 연결된
구체적인 상황을 조절하라

또 다른 사례를 살펴보겠습니다.

20세 김나미 씨는 폭식증으로 저를 찾아왔습니다. 그녀는 자

감정은 습관이다

신도 통제하기 어려울 정도로 음식을 과다 섭취할 때가 있고, 그 후에는 살찌는 것이 두려워 화장실에 가서 토했습니다. 그러고 나면 자신의 이런 행동들이 너무나 후회되고 수치스러워서 심한 우울감을 느낍니다. 경우에 따라선 자살하고픈 생각이 들기도 했습니다.

그녀에게는 폭식과 이어지는 구토 행위가 우울감과 자살 충동을 일으키는 직접적인 자극이었습니다. 따라서 자살 위험과 우울감을 줄이기 위해서는 폭식과 구토 행위를 막아야 했습니다.

사실 폭식은 무의식적으로 여러 가지 의미를 담고 있으므로, 깊은 면담과 무의식에 대한 탐구도 필요합니다. 또한 약물 요법과 여러 가지 행동 치료도 사용해야 합니다. 하지만 그것과 더불어 우리가 다루고 있는 감정습관을 이용할 필요도 있습니다. 그녀가 과다한 식욕을 느끼는 공통된 상황이 무엇인지 조사해보고 그것을 조절하는 것입니다.

A(특정 상황) → B(습관화된 감정)의 도식에서 B가 폭식 욕구라면 그것을 유발하는 상황(A)을 찾아내서 회피 요법을 사용하는 것입니다. 그녀의 폭식은 주로 저녁 시간에 일어났습니다. 그리고 스트레스를 많이 받은 상황에서 발생했습니다.

그런 날이면 그녀는 집에 와서 기분을 풀기 위해 영화나 미국 드라마를 본다고 했습니다. 아무도 없는 집에서 거실 소파에 앉아 TV를 보다 보면 과자가 생각나고, 과자를 먹다 보면 식욕이 멈추지 않아 폭식으로 연결되고는 했습니다.

이런 그녀의 폭식 행동은 수많은 상황에 습관화되어 있었습니다. 저녁이라는 시간적 상황, 스트레스, 혼자 있는 집에서 TV를 보는 상황 등이 자극인 A가 되어 폭식을 유발하고 있었습니다. 이 자극들과 폭식 욕구는 끈끈하게 연결되어 저녁, 혼자 있는 집, 스트레스, TV를 보는 상황 등에 노출되면 자연스럽게 따라붙었습니다.

나미 씨에게 이런 상황들을 바꾸는 것이 폭식 조절에 큰 도움이 될 것이라고 말했습니다. 일단 스트레스를 많이 받은 날은 폭식할 가능성이 큰 상황임을 잊지 않도록 했습니다. 그럴 때는 집에 와서 영화를 보지 말고 극장에서 영화를 보는 것으로 바꾸어 보기로 했습니다. 물론 팝콘이나 음료수 등을 사지 않고 말이지요.

그리고 집에 있는 도중 스트레스가 느껴진다면, 일단 집을 나와서 근처 서점에 가도록 했습니다. 그녀의 집 주변에는 꽤 늦은 시간까지 문을 여는 서점이 있었습니다. 거기에 가서 이런저런 책을 보며 먹고 싶은 욕구와 스트레스를 가라앉히도록 했습니다.

또한 밤늦게 스트레스가 느껴진다면 TV 앞에 앉지 말고 욕실로 가서 샤워하도록 권유했습니다. 이런 식으로 폭식 욕구를 발생시키는 상황을 피하는 방법을 정했습니다.

여러 가지 다른 치료도 병행하자 그녀의 폭식 증상은 점차 나아졌습니다. 결과적으로 그녀의 자살 충동과 우울감도 호전되었습니다. 그녀는 자극을 조절하고 바꾸는 회피 요법이 아주 큰 도움이 되었다고 말합니다.

자극의 종류를 바꾸어라

마지막으로 한 가지 사례를 더 살펴보겠습니다.

김영철 씨는 얼마 전에 휴가를 다녀왔습니다. 그런데 휴가를 간 사이 집에 도둑이 들었습니다. 집에 아무도 없었기에 다행히 인명 사고는 없었습니다. 하지만 도둑이 헤집어 놓은 집 안 풍경을 보는 순간 영철 씨는 너무나 무서웠고, '혹시 도둑이 다시 와서 나를 죽이지는 않을까?' 하는 공포에 휩싸였습니다.

이렇게 생명의 위협과 연관된 상황을 겪으면 그런 경험이 마음속에 잘 잊히지 않는 트라우마로 자리 잡게 됩니다. 이런 트라우마는 단 한 번의 경험만으로도 강한 감정습관을 형성할 수 있습니다. 영철 씨도 그랬습니다. 그의 마음속에는 생명이 위험할 수도 있다는 공포 감정이 습관화되고 있었습니다.

그는 많은 시간을 컴퓨터 앞에 앉아 인터넷에 나오는 사건 사고 기사를 읽었습니다. 그리고 '나에게도 이런 일이 생기면 어떡하지?'라는 공포감을 느꼈습니다. 교통사고부터 강도 살인 사건까지, 그는 기사들을 일부러 찾고 또 찾아서 읽었습니다. 그러고는 더욱더 불안에 떨었습니다. 사건 사고 기사가 A, 즉 자극이 되었고 그 이후 습관화된 공포 B가 따라왔습니다.

그는 이런 사건과 범죄들도 있으니 미리 준비하고 피하기 위해 열심히 기사들을 찾는다고 했습니다. 하지만 그의 행동은 과도했습니다. 그가 하는 행동은 실제적인 이익이 거의 없고 그저 자신을 괴롭히는 행동일 뿐이었습니다. 공포에 맛 들인 뇌가 그것을 지속해서 느끼기 위해 그를 속이고 있었습니다.

영철 씨의 예처럼 A → B에 익숙해진 환자들은 B라는 감정이 점차 습관화될수록, 또다시 B를 느끼기 위해 A라는 상황을 찾아 헤맬 수 있습니다. 이럴 때는 A라는 상황에서 B가 일어나는 것도 조절해야 하지만, B를 만들어 내는 자극을 가능한 한 줄여야 합니다. A → B 패턴은 반복될수록 더욱 강하게 굳어질 수 있기 때문입니다.

영철 씨에게는 A를 다른 A'로 바꾸도록 했습니다. 뉴스나 기사는 좋은 내용만 읽고, TV를 볼 때는 다큐멘터리 위주로 보도록 했습니다. 기사를 읽고 TV를 본다는 비슷한 상황이지만 자극의 종류를 바꾸는 방법으로 그는 많은 도움을 얻었습니다.

회피 요법은 이번에 살펴본 경우들에서는 상당히 유용합니다.

감정은 습관이다

하지만 조심할 점도 있습니다. 가령 발표 공포증 환자 같은 경우에는 회피 요법을 사용하면 안 됩니다. A를 회피한다는 것은 발표를 자꾸 피하는 것입니다. 그런 경우에는 점점 더 발표라는 것이 낯설어지고, 막상 발표 상황이 되면 공포가 더 커지기 때문입니다. 즉, 회피 요법은 그 자극을 계속 회피해도 내 행복이나 일상에 큰 지장이 없을 때 선택할 수 있는 방법입니다.

부정적인
자극
최소화하기

자극 통제법

저를 찾아오는 분들이 가장 많이 호소하는 증상은 바로 불면증입니다. 아마 독자들 중에도 불면증으로 괴로워하는 분들이 많을 것입니다. 그래서 이번에는 앞에서 배운 A(상황) → B(습관화된 감정)의 관계를 불면증에 적용해 보려고 합니다.

감정습관을 이야기하다가 갑자기 웬 불면증 이야기인가 싶을 것입니다. 물론 불면증은 감정이 아닙니다. 하지만 불면증으로 고생하는 사람은 대부분 잠을 이루지 못하는 동안 불안과 걱정, 우울 등으로 고생합니다. 이렇게 보면 불면증은 감정과 떼려야 뗄 수 없는 관계인 것이지요.

결국 불면증이란 잠이 있어야 할 자리를 걱정이나 잡생각, 불

감정은 습관이다

안 등이 차지해 버린 것입니다. 다시 말해, 침대(A) → 잠(B)이 되어야 할 도식이 침대(A) → 불안, 잠생각(B')이라는 감정습관으로 바뀌어 버린 것입니다. 불면증이 있는 경우 이것을 해결하지 못하면 부정적인 감정습관에서 빠져나오기 어렵습니다.

앞에서 배운 상황에 따른 습관을 잘 이용해 불면증을 극복하는 법을 알아봅시다. 물론 상상 노출법을 통해 편히 잠드는 모습을 상상해 볼 수도 있겠지만, 이런 경우에는 '자극 통제법'을 사용하는 것이 더 유용합니다.

잘못 형성된
잠자리 습관

우리는 침대에서 잠만 자는 것이 아니라 많은 활동을 합니다. 특히나 불면증이 있는 사람들은 더욱 그렇습니다. 잠을 이루지 못하는 채로 몇 시간 동안 뒤척입니다. 이때 온갖 고민과 걱정을 합니다. 누워서 몇 시간씩 스마트폰을 만지기도 하고, 낮에 있었던 일이나 수년 전 일들을 떠올리기도 합니다.

불면증으로 고생하는 사람들이 가장 원하는 것은 침대에 등을 대자마자 잠드는 것이지만, 실제로는 침대에서 자는 시간보다 딴생각을 하고 걱정하는 시간이 더 많아진 것입니다. 뇌는 이것을 놓치지 않습니다. 평소 하던 것을 정상으로 여기고 습관화하는 뇌의 원리가 다시 한번 영향을 줍니다.

이런 이유로 습관은 엉뚱하게 형성되어 버립니다. '침대에 누우면 잠을 자는 것이 아니라 걱정하는 것이 맞는 거야', '침대란 스마트폰을 만지고 잡생각을 하는 곳이야'라고 말입니다. 이렇게 습관이 잘못 형성되면 아이러니하게도 침대에 눕는 순간 잠이 깨고 잠들지 못한 채로 뒤척이게 됩니다. 그러면 불면 습관이 더욱 강화되겠지요 악순환이 일어나는 것입니다.

불면증으로 고생하는 사람이 대학 병원을 방문하면 수면다원 검사라는 것을 합니다. 잠을 못자는 이유를 찾기 위해 병원에 마련된 침대에서 잠을 자면서 이런저런 검사를 하는 것입니다. 한데 재미있는 점이 있습니다. 집에서는 그렇게 못 자던 사람들이 병원 침대에서는 잘 자는 경우가 많다는 것입니다. 또한 집에서는 잠들지 못하다가 영화관 같은 곳에서는 숙면을 취하는 사람들도 있습니다.

왜 그럴까요? 병원의 침대나 영화관은 아무런 습관도 형성되어 있지 않으므로 별 저항 없이 잠에 빠져들 수 있는 것입니다. 이 얼마나 억울한 일입니까? 잠을 못 잔 채로 침대에 있으면 있을수록 그 침대는 점점 더 잠이 안 오는 곳이 되니 말입니다.

그러므로 불면증을 극복하기 위해서는 꼭 자극 통제를 해야 합니다. 자극 통제란 침대라는 자극을 적절히 줄이는 것입니다. 침대는 잠과 일대일 매칭이 되어야 하는데, 불면으로 고생하는

감정은 습관이다

사람은 오히려 침대라는 자극이 의미 없이 자주 주어지기 때문에 문제가 된다는 것이지요.

다시 말해, 침대라는 자극은 잠을 자기 위해서만 필요하다는 것을 뇌에게 알려 주어야 합니다. 낮에 툭하면 침대에 눕고, 침대에서 TV를 보고, 침대에서 이런저런 생각을 하는 횟수가 많아질수록 뇌는 침대라는 자극과 잠을 연결 짓기 어려워합니다.

불면증을 극복하는 자극 통제법은 간단히 말해, 설령 잠을 못 자는 한이 있어도 침대에서 뒤척이거나 딴짓을 하면서 시간을 보내지 않는 것입니다.

불면증을 벗어나는 자극 통제법

우선 낮에 절대로 침대에 눕지 않습니다. 침대는 오로지 잠을 자는 곳이라고 뇌에 각인시켜야 합니다. 침대에서 책을 보거나 식사를 하지 마십시오. 또한 잘 시간이 되었다고 무조건 침대에 눕지도 마십시오.

잘 시간이 다가오면 불빛을 은은하게 하고 편한 의자 등에 앉아 조용한 음악을 들으세요. 그러다 졸린 느낌이 들면 바로 침대에 누워 편안하게 몸을 이완시키고 잠을 청해 보세요. 만약 30분이 지나도 잠에 들지 않으면 무조건 침대에서 빠져나와야 합니다.

그러고 나서 다시 편한 의자에 앉아 은은한 불빛 아래에서 재미없는 책을 읽거나, 지루한 음악을 듣거나, 복식 호흡을 해 보세요. 졸린 느낌이 강해지면 다시 침대로 가고요. 30분 정도 지나도 잠을 못 이루면 또다시 침대에서 빠져나옵니다. 30분 이내에 잠들 때까지 이 과정을 반복합니다.

"그러다가 한숨도 못 자면 어떡해요?"

이 방법을 설명하면 환자들은 대부분 황당해하며 이렇게 묻습니다. 어떻게든 잠을 자려고 노력해도 모자랄 판에 자꾸 침대에서 나오라 하니 걱정되는 것이지요.

실제로 이 방법을 시행하면 한동안은 이전보다 더 못 잘 수도 있습니다. 기존 습관을 초기화하는 과정입니다. 그래야 새로운 습관을 들일 수 있습니다.

설령 자극 통제법으로 하루 이틀 꼬박 못 잔다고 해도 괜찮습니다. 목표는 오늘 하루만 잘 자는 것이 아니라, 만성적인 불면을 극복하고 새로운 습관을 들이는 것임을 잊지 마세요. 오늘 하루 못 자도 괜찮다고 생각하면 대부분 사람은 마음이 편안해져 오히려 조금이라도 자게 됩니다.

잠을 자다가 중간에 깨도 마찬가지입니다. 다시 잠들기 위해 노력하는데도 30분이 지나도록 잠을 이루지 못하면 역시나 침대에서 빠져나와야 합니다. 많은 사람이 자다가 도중에 깨면 다시 잠들기 위해 날이 밝도록 침대에서 뒤척입니다. 사실 중간에 잠이 깨면 침대에서 나오기가 참으로 괴롭고 어렵습니다.

하지만 불면증을 극복하기 위해서는 이 고통을 이겨 내야 합니다. 침대에서 나와 앞에서 설명한 방법을 반복해 보기를 바랍니다. 자극 통제법을 통해 침대에서 자는 시간이 조금씩 증가하고, 침대에서 불안해하거나 뒤척이는 시간이 줄어들수록, 침대 → 잠이라는 습관도 더 단단하게 형성될 것입니다.

심한 불면증으로 수면제를 먹는 사람들도 마찬가지입니다. 약을 먹든 안 먹든 '침대에 누우면 30분 이내에 자는' 습관을 들이는 것이 기본입니다. 수면제를 먹고 바로 침대에 누워 잠들 때까지 한참 동안 뜬눈으로, 또는 걱정을 하며 누워 있는 사람들이 많습니다. 이건 아주 좋지 않습니다.

이런 사람은 수면제가 없으면 침대에서 뒤척이며 내내 걱정만 할 것입니다. 수면제가 있어야만 잠을 잘 수 있는 사람들은 수면제를 끊었을 때도 대비해야 합니다. 수면제를 먹고 나서 실제로 눈이 감기고 졸린 순간 바로 침대로 가서 누워야 합니다. '절대 30분 이상 뒤척이지 말고, 졸릴 때 침대에 가서 잔다' 이것 하나만 지키십시오.

침대에 눕기만 하면 금세 잠드는 사람들이 부럽나요? 여러분도 새로운 습관을 들이면 그렇게 바뀔 수 있습니다.

유쾌한 기분 습관화하기

감정 스위치

앞에서 상황별로 습관화된 A → C and B 도식을 알아보았습니다. 불쾌한 감정을 느낄 때 상황(A)을 바꾸거나 생각(C) 또는 감정(B)을 바꾸는 연습도 해 보았습니다. 하지만 상황에 따른 감정습관들이 늘 나쁜 것만은 아닙니다. 어떤 상황이나 자극을 이용하여 기분 좋은 생각이 습관화되도록 만들 수도 있습니다.

감정습관의 힘을 유리하게 이용하는 법

특정 상황이 되면 기분이 좋아진 경험이 있나요? 어린 시절 불

감정은 습관이다

안에 떨고 있을 때 멀리서 엄마의 목소리만 들려도 안심이 되었던 경험이 있나요? 어떤 사람은 화가 나거나 슬픔이 올 때 자신이 다니던 성당에 가면 마음이 편해진다고도 합니다. 이렇게 특정 자극, 특정 상황 들은 평안함, 행복, 만족감 들과 짝이 되기도 합니다.

제 환자 중의 한분은 기분이 나쁠 때 〈나는 문제없어〉라는 노래를 꼭 듣습니다. 그 노래를 듣고 나면 기분이 한결 나아지고 용기도 생긴다고 합니다. 이렇게 어떤 상황이나 자극에 따라 기분 좋은 감정이나 생각들도 짝이 될 수 있고 습관화할 수 있습니다. 이것은 매우 유용하며 강력한 힘을 발휘할 것입니다.

우리는 불안하거나 우울한 기분이 순식간에 좋아질 수 있을지 의심합니다. 아니, 그럴 수 없다고 생각하는 사람들이 더 많은 것 같습니다. 그렇다면 반대로 순식간에 기분이 나빠지는 것은 가능한가요? 기분이 좋다가도 단 한 번의 사소한 일이나 사건으로 인해 기분이 나빠진 적이 있을 겁니다. 유쾌한 마음이다가 친구의 말 한마디 때문에 기분이 나빠지거나 삐진 적도 있을 겁니다.

그렇습니다. 감정이란 천천히 변할 때도 있지만 이렇게 돌발적으로 변하기도 합니다. 마찬가지로 기분이 안 좋다가도 어떤 일로 인해 순식간에 기분이 좋아질 수도 있는 것입니다. 즉, A → B 도식처럼, 특정 상황은 순간적인 감정 변화를 가져올 수 있

습니다. A가 일어나면 그 전까지의 감정이 어땠건 B라는 감정
으로 순식간에 바뀔 수 있는 것이지요.

평소 무시당하는 상황(A)에 대해 분노(B)를 습관화한 사람은
기분이 좋다가도 누군가 조금이라도 무시하는 상황이 되면 자
동적으로 불같이 화를 냅니다. 이렇듯이 상황에 따라 조건화된
감정은 큰 힘을 지닙니다. 순식간에 기분을 바꿀 만한 능력이
있는 것이지요. 그것이 바로 감정습관의 무서운 점입니다.

이 힘을 이제 우리에게 유리한 방향으로 이용해 봅시다. 특정
자극(상황)에 기분 좋은 감정들을 습관화시켜 놓으면 기분 나쁜
순간, 불안한 순간, 무서운 순간에 특정 자극을 이용하여 기분이
좋아지게 만들 수 있습니다. 또한 안정감과 자신감 등을 순간적
으로 회복할 수 있습니다. 이처럼 긍정적인 감정을 불러일으키
는 상황 또는 자극들을 '감정 스위치'라고 부르겠습니다.

마음이 편해지는
이미지를 상상하기

이제부터 감정 스위치를 만드는 과정에 대해 구체적으로 살펴
보겠습니다. 이 스위치는 세 가지의 요소를 섞어 복합적으로 구
성하는 것이 좋습니다.

감정은 습관이다

1. 머릿속의 이미지

2. 언어적 자극

3. 신체 감각

이 세 가지 요소를 이용할 것입니다. 하나보다는 여러 가지 자극들이 한데 섞일 때 뇌는 습관을 더욱 잘 형성합니다. 즉, 이 세 가지 요소가 특정 상황(A)이 되는 것입니다.

먼저 감정 스위치의 첫 번째 요소인 이미지를 만들어 봅니다. 자신이 가고 싶은 곳이나 가 보았던 곳 중에서 마음이 편해지는 장소를 하나 생각해 보세요. 실제로 존재하지 않아도 좋습니다. 상상 속의 장소라도 그곳에 가면 몸도 마음도 편해진다는 장소를 만듭니다. 예를 들자면 바닷가를 상상해도 좋고, 숲속 편한 산책로를 상상해도 좋습니다. 그밖에 호수나 초원 등 어디든 좋습니다.

그런 다음 그 장소를 대표할 만한 사진 한 장을 찍는다고 생각하세요. 예컨대 숲속이라면 그 숲속을 가장 잘 나타낼 만한 사진 한 장의 이미지를 머릿속에 떠올리는 것입니다. 그 이미지를 머릿속에 잘 간직하세요. 그리고 금세 꺼내어 볼 수 있도록 익숙하게 해 두십시오. 그 한 장의 사진 이미지가 감정 스위치의 첫 번째 요소가 됩니다.

자신만의
주문 외우기

두 번째로 언어 스위치를 만들 차례입니다.

혹시 영화 〈타짜〉를 보았나요? 그 영화를 보면 주인공이 결정적인 순간에 패를 섞으면서 이런 주문을 외웁니다. "아수라 발발타!" 아무 뜻도 없는 이 주문이 주인공에게는 강력한 힘을 발휘합니다. 이 주문을 외우는 순간 주인공은 이전에 없던 자신감과 힘을 얻게 되는 것입니다.

우리도 각자 이런 주문을 만듭니다. '아수라 발발타'도 좋고, 뭐든 상관없습니다. 자신의 입으로 말하기에 편한 말이면 됩니다. "편안하다", "자신 있다", "나는 달라진다" 등은 흔히 사용하는 주문들입니다. 이렇게 자신이 선택한 주문이 감정 스위치의 두 번째 요소 입니다.

복식 호흡으로
긴장 풀기

마지막으로 몸의 감각을 이용할 차례입니다. 가장 좋은 것은 복식 호흡입니다. 지금 소개하는 복식 호흡은 한두 번의 연습으로는 익숙해지지 않습니다. 하지만 한두 달 동안 꾸준히 하다 보면 자연스러워질 것입니다.

감정은 습관이다

의자에 편하게 앉거나 침대에 편한 자세로 누워서 시행합니다. 한 손은 가슴에 두고, 한 손은 배 위에 올려놓습니다. 이때 가슴에 올려놓은 손은 가슴으로 숨을 쉬지 않도록 확인하는 것입니다. 긴장 상태에서는 보통 가슴으로 숨을 쉬려는 경향이 있습니다. 가슴에 놓은 손은 움직이지 않고, 배에 올려 둔 손이 오르락내리락하도록 합니다.

숨은 가능한 한 천천히 쉬는 것이 좋으나, 처음부터 무리할 필요는 없습니다. 일단 평소와 같은 속도로 숨을 쉬되 복식 호흡을 하는 것에 집중합니다. 스위치로 사용할 편안한 장면을 떠올려 보세요.

혹시 장면에 집중이 잘 되지 않는다면, 이미지를 떠올리기 전에 배에 올려 둔 손의 감각에 먼저 집중해 보십시오. 손에서 느껴지는 따스함, 배가 움직이는 것 같은 자신의 신체 감각에 집중하면 잡념을 없애는 데 큰 도움이 됩니다.

복식 호흡은 우리 몸의 긴장을 줄이고 편안하게 합니다. 교감 신경계를 안정시킵니다. 이렇게 몸이 이완되고 안정되는 느낌은 마음도 편하게 해 주며 기분 좋은 감정을 불러오는 좋은 스위치가 되어 줄 것입니다.

자, 이제 이 세 가지를 조합하여 감정 스위치를 완성해 봅시다. 하루에 한 번 이상 20분 정도의 시간을 정하십시오. 그리고 편한 장소를 정한 뒤 안락한 의자에 앉아 복식 호흡을 시작하세요. 동시에 머리로는 사진처럼 기억해 둔 이미지를 상상하며, 그 장소에 가 있는 나를 떠올립니다. 동시에 마음이 편해지고 안정되도록 노력하면서 중간중간 자신만의 주문을 되뇌세요.

이렇게 하루에 20분 정도 꾸준히 시행하세요. 자신이 만든 스위치를 작동시키고, 그 이후 몸과 마음이 편해지고, 기분이 좋아진 상태를 유지하는 것입니다. 장소를 떠올리고, 복식 호흡을 하면서, 편안한 느낌과 행복한 기분을 최대한 느끼세요. 장소를 생생하게 떠올릴수록, 그 장소에서 들리는 소리, 감촉, 냄새 등을 진짜처럼 상상할수록 기분이 좋아질 겁니다.

이 작업은 하루에 집중적으로 하는 것보다 짧은 시간을 하더라도 매일 꾸준히 거르지 않고 해 나가는 것이 중요합니다. 습관은 꾸준히 반복될 때 강하게 형성됩니다.

이런 과정을 통해 '감정 스위치(A) → 기분 좋음(B)'이라는 습관이 생길 것입니다. 그 후에는 평소 연습한 대로 이미지를 떠올리고, 주문을 외우고, 복식 호흡을 하게 되면 스위치가 켜지면서 기분 좋은 느낌을 가질 수 있습니다. 기분이 나쁘거나 화가 나면 즉시 스위치를 켜십시오. 큰 도움이 될 겁니다.

기분은 한번에 나빠질 수 있듯이 순식간에 좋아질 수도 있음을 잊지 마십시오. 스위치를 켜면, 방금 전의 나와는 다른 내가 된다는 확신을 가져 보세요. 연약하고 수줍어하는 클라크가 안

경을 벗는 순간 슈퍼맨이 되듯이, 우리에게도 그런 변신 주문이 있음을 알아두세요. 평소 연습해 두었던 감정 스위치 말입니다.

Chapter 5

"감정을 잘 조절하면
내 삶의 무기가 됩니다"

긍정적인 감정습관 굳히기

새로운 감정습관을 들이기 위해서는 자극적인 쾌감과 불안에서
벗어나 작은 행복과 소소한 즐거움에 익숙해져야 합니다.
그런데 많은 사람들이 이런 말을 합니다.
"뭔가가 느껴져야 느끼죠. 날씨가 좋아도, 훌륭한 경치를 봐도
별 느낌이 없어요. 마음 안에 있는 작은 기쁨을
찾아보려고 해도 도통 모르겠어요."

이런 사람들에게 도움이 되는 방법은 없을까요?

소소한
감정에
익숙해지세요

뇌에 섬엽insula이라는 곳이 있습니다. 섬엽은 뇌의 양쪽 측면 부위에 말려 들어가 숨어 있습니다. 이 섬엽이 하는 일은 비교적 최근에 알려지기 시작했는데, 몸에서 오는 감각들을 인식하는 데 있어 중요한 역할을 한다고 합니다. 몸의 감각들 중에서도 특히 내장 기관의 감각들을 인지하는 데 필수적인 역할을 합니다.

예컨대 현재 심장의 박동수와 세기는 어느 정도인지, 호흡의 세기나 호흡수는 어떤지, 위장관의 느낌은 어떠한지를 나도 모르는 사이 인식해서 적절히 유지하는 데 도움을 줍니다.

그뿐만이 아닙니다. 섬엽은 내가 지금 어떤 움직임을 취하고 있는지 인식하는 데도 필수적인 역할을 합니다. 즉, 섬엽은 내 몸의 감각들을 인지하고 내 몸이 지금 어떤 상태인지 파악하는 중요 부위입니다.

영국의 연구자들은 자신의 맥박수를 정확하게 맞추는 사람일수록 섬엽이 발달되어 있다는 결과를 발표하기도 했습니다. 섬엽이 발달한 사람일수록 자신의 몸 상태를 정확하게 인식한다는 것이지요.

감정을 인식하는
능력

최근 이와 관련한 중요한 연구 결과들이 나오고 있습니다. 뇌과학자인 제프리 버드Geoffrey Bird 와 조르지아 실라니Giorgia Silani 등의 연구에 따르면, 섬엽의 발달 정도는 신체 감각뿐만이 아니라 감정을 인식하는 능력과도 연관되어 있다는 것입니다.

감정표현 불능증alexythymia 이라는 병이 있습니다. 이 질환은 자신이 어떤 감정을 느끼는지 인식하지 못하며, 자신의 감정 상태를 정확히 표현하지 못하는 병입니다. 바로 우리가 앞에서 살펴본 행복 거식증이나 미안한 상황에서도 화를 내던 사람의 경우와 비슷합니다.

또한 감정표현 불능증까지는 아니더라도, 이와 유사한 증상이

감정은 습관이다

한국 남자들에게서 많이 나타납니다. 한국 사회는 남자가 자신의 감정을 표현하는 것, 특히 슬픔이나 불안 등을 표현하는 것을 부정적으로 여깁니다.

'마음이 아프다', '슬프다', '외롭다' 등의 표현을 곧 '약하다', '결점이 있다'와 같은 의미로 받아들입니다. 이런 상황에서 남자들은 자신의 감정을 일부러 억누르고 자기 마음을 바라보려 하지 않습니다. 결국 나중에는 느끼고 싶어도 느끼지 못하게 됩니다.

결혼 이후 병원을 찾는 많은 부부 문제도 여기서부터 발생합니다. 자신의 마음을 표현해 달라는 부인의 요구에 남편이 부응하지 못하는 것입니다. "도대체 어떤 감정을 느끼는지 모르겠어요." 부인들이 상담 시 흔하게 말하는 불만입니다. 하지만 남편 자신조차 자기 마음을 잘 느끼지 못하는 것입니다.

이것 역시 감정습관입니다. 불안이나 우울에 빠져 헤매는 것도 감정습관이지만, 감정 자체에 대해 무시하고 느끼지 못하게 된 것도 우리를 괴롭히는 중요한 감정습관의 하나입니다.

감정표현 불능증에 걸린 사람들의 섬엽 활성도는 매우 떨어져 있습니다. 반면에 자기감정을 잘 인식하고 말로 표현하는 사람들의 섬엽 활성도는 높았습니다. 이런 결과는 마음에서 나타나는 감정을 인식하는 것과 신체의 감각을 인식하는 능력이 결국 같은 것임을 보여 줍니다.

마음과 몸의
미세한 변화 관찰하기

앞에서 말했던 리처드 J. 데이비드슨이 한 또 다른 실험도 의미가 있습니다. 그는 자신의 감정을 잘 인식하지 못하는 사람들을 대상으로 실험을 하였습니다. 그들에게 감정을 유발할 만한 상황을 만들어 주고 어떤 감정이 드는지 물어보았습니다. 동시에 의료 장비를 이용해 그들의 몸에서 일어나는 변화를 동시에 조사하였습니다.

그들은 별 감정을 느끼지 못했으며 자신들의 몸에도 달라진 변화는 없다고 말했습니다. 하지만 실제 그들의 심장 박동수와 피부 전도도는 크게 변했습니다. 즉, 감정을 느끼지는 못했어도 몸에는 변화가 생겼던 것이지요. 그러나 그들은 이런 신체 증상의 변화가 있는지도 느끼지 못했습니다.

이런 측면에서 보면, 내 마음에서 일어나는 작은 감정들의 변화를 잘 읽는다는 것은 내 몸에서 일어나는 변화를 잘 인식한다는 것과 통합니다. 아무리 발견하려고 해도 소소한 즐거움과 작은 행복을 잘 찾지 못하고, 자극적인 감정습관에 빠져있다면 마음을 다루기 이전에 몸을 관찰하는 연습을 먼저 해야 합니다.

몸의 변화를 잘 인식하게 된다는 것은 마음의 작은 감정들도 잘 느낄 수 있음을 뜻합니다. 여기서 몸의 느낌을 관찰한다는 것이 무엇인지 조금은 의아할 겁니다. 내 몸의 느낌을 벌써 잘 알고 있다고 생각하는 사람도 있을 겁니다.

　뇌는 몸에서 여러 가지 자극이 와도 자신이 원하는 것 이외의 나머지 자극들은 무시합니다. 예를 들어 책을 읽고 있는 지금 어떤 감각들이 느껴지는지 살펴봅시다. 책을 읽는 동안이니 '글자'라는 시각적인 자극이 있겠지요. 뇌는 거기에 한껏 집중하고 있습니다.

　하지만 머리끝에서 다리까지 어떤 감각들이 있는지 차분히 살펴보십시오. 의자와 맞닿은 엉덩이의 느낌은 어떻습니까? 숨을 쉬는 코의 감각은 어떻습니까? 침을 넘기는 입안의 감각은 어떻습니까? 숨을 쉬기 위해 배가 오르락내리락하는 느낌은 인식하고 있었나요?

　엉덩이에서 의자가 딱딱한지 부드러운지 느껴지는 느낌, 공기가 코로 들어왔다 나갔다 하는 느낌, 침이 넘어가는 느낌 등 지금 이 순간에도 수많은 감각이 존재하지만 인식하지 못하고 그저 스쳐 가는 이유는 뇌가 무시하도록 조작하기 때문입니다.

　감정도 마찬가지입니다. 뇌는 마음에서 일어나는 여러 가지 감정 중에서 중요하다고 생각하는 감정에만 집중합니다. 즉, 자극적인 감정이나 습관화된 감정에 더 큰 주의를 기울입니다. 우리가 모르고 스치는 수많은 몸의 감각들처럼, 수많은 마음의 변화들이 그저 흘러가고 있습니다. 따라서 일상에서 느껴지는 소소한 감정들을 느낄 수 없는 것입니다.

몸의 변화를
관찰하는 연습

이것을 바꾸기 위해 몸에서 느껴지는 작은 감각들, 나도 모르고 지나가던 감각들에 집중하는 연습을 합시다.

먼저, 주의를 공평하게 분산해서 몸을 관찰하는 연습부터 해 봅니다. 앞에서 배운 복식 호흡을 해 보십시오. 그러면서 코에서 느껴지는 느낌을 살펴보세요. 공기의 온도, 공기가 코에 닿으며 들어오는 감각을 느끼십시오. 판단하지 말고, 그저 내 몸이 느끼는 감각들을 허용하고 제3자처럼 관찰하십시오.

머리끝에서 발끝까지 온몸에 공평하게 주의를 기울이며 한 발짝 떨어져서 바라보십시오. 배가 불러 오는 느낌, 내려가는 느낌이 느껴질 겁니다. 근육은 어느 정도 뭉쳤는지, 지금 자세는 어떠한지, 심장 박동수는 어느 정도인지, 호흡수는 어느 정도인지 느끼십시오. 집중하되 여러 가지 감각들 모두에 분산하십시오. 이런 집중을 열린 집중이라고 합니다.

이것에 익숙해지면 일상생활에도 활용해 보십시오. 음식을 씹을 때의 느낌, 목으로 넘길 때의 감각, 잊고 지냈던 음식의 맛을 느껴 보십시오. 걸을 때도 마찬가지입니다. 발바닥이 땅에 닿는 느낌, 손을 흔드는 행동, 나의 자세 등에 대해 관찰하십시오. 이런 태도들이 모이면 섬엽의 활성도가 증가하고 신체를 인식하는 힘이 강해집니다.

신체 감각에 익숙해지면 몸에서 마음을 관찰하는 것으로 넘어갑니다. 몸을 관찰하듯, 내 마음을 관찰하는 것입니다. 마찬가지로 열린 집중을 합니다. 신체 감각 연습을 통해 섬엽이 활성화되었으므로, 자극적인 감정만이 아닌 밋밋한 감정들도 차분히 바라보고 느낄 수 있을 것입니다.

이런 연습을 통해 존재조차 모르고 지나갔던 소소한 감정들과 기쁨에 익숙해지십시오. 작은 감정들을 잘 느끼게 된다는 것은 행복이라는 감정습관에 성큼 다가갔음을 뜻합니다.

그냥 스치는 감정도
내 편으로
만드세요

앞의 내용들을 통해 감정습관에 빠진 뇌는 익숙해진 감정만을 오래 기억하려 하고, 자신에게 낯선 감정은 빨리 망각한다는 것을 보았습니다. 부정적인 감정에 습관화된 사람에게는 일상에서 발생하는 소소한 즐거움이나 감사함이 빠르게 사라져 버립니다. 이를 극복하기 위한 좋은 방법을 소개하겠습니다.

자주 돌아볼수록
좋은 일이 늘어난다

제 환자들 중에는 한 달에 한 번 오는 분들도 있고, 일주일마

감정은 습관이다

다 한 번 오는 분도 있습니다. 또는 2~3일마다 병원에 오는 분들도 있습니다. 일단 환자가 진료실에 들어서면 저는 그동안 어떻게 생활했는지, 어떤 기분으로 지냈는지 묻습니다. 보통 이런 식으로 질문합니다.

"그동안 어떠셨습니까?"

사실 바쁘게 지내다 보면 내가 어떻게 지내는지, 또 내 마음 상태는 어떠한지 살펴보고 돌아보는 경우가 별로 없습니다. 그래서 진료실에서 이런 질문을 들으면 그제야 그동안의 상태를 돌아보게 되는 경우가 많지요. 그런데 이 질문에 대한 대답은 병원에 며칠 만에 오는지에 따라 달라집니다.

한 달에 한 번 정도 오는 사람은 그냥 큰 변화가 없다고 말하는 경우가 많습니다. 우울증을 느끼는 사람이라면 그냥 우울했다거나 좋은 일이 별로 없었다고 하며 특별히 말할 거리가 없다고 합니다.

이 경우에는 그동안의 작은 일들, 소소한 즐거움과 변화들을 말하는 일이 거의 없습니다. 그저 관성대로 자신의 감정습관에 대해 무기력하게 인정해 버리는 느낌을 받습니다.

반면에 일주일에 한 번이나 2~3일에 한 번씩 오는 사람들에게 어떻게 지냈냐고 물으면 조금 더 구체적인 이야기를 합니다. 처음에는 마찬가지로 그냥 좋은 일이 별로 없었다고 합니다. 하지만 일주일 동안 좋은 일이나 감사할 일이 뭐가 있었는지 다시 한

번 찬찬히 살펴보라고 요구하면, 나름대로 이것저것 생각해 냅니다.

한 달에 한 번 오는 사람이 이야기할 거리가 훨씬 많을 것 같지만, 그렇지 않습니다. 자주 올수록 작은 즐거움을 찾아보라고 했을 때 훨씬 많은 이야기를 들려줍니다.

이런 현상을 통해 자신의 감정을 자주 돌아보는 것이 중요하다는 사실을 알았습니다. 그래서 병원에 오지 않는 날도 하루가 끝날 때 침대에 누워서 오늘 좋았던 일이 무엇이었는지, 감사할 일은 무엇이었는지 생각하는 시간을 꼭 가지도록 조언합니다.

이렇게 매일 자신의 감정을 돌아보는 습관이 붙은 사람들에게는 큰 변화가 옵니다. 그동안 어떻게 지냈느냐는 질문에 긍정적인 이야기와 기억들이 많이 나옵니다. 자신의 이야기를 하면서 밝은 표정과 미소를 짓는 시간도 늘어납니다. 생활 자체에서 달라진 것은 없지만, 자신의 감정을 자주 돌아볼수록 긍정적인 정서가 마음속에 점점 익숙해지는 것입니다.

하루 세 번 내 마음 체크하기

여기서 한발 더 나아갑니다. 하루 세 번 식사할 때마다 이전 몇 시간 동안 어떤 기분이었는지 생각해 보는 것이지요. 좋았던

감정은 습관이다

일, 감사한 일을 보다 자주 체크하는 것입니다. 그런데 여기서 환자들의 반대에 부딪혔습니다.

"선생님, 좋은 일을 생각하는 건 좋지만 어떻게 매번 좋은 일이 있나요?"

맞는 말입니다. 일부러 좋은 기분을 만들어 내거나 억지로 좋은 일을 생각할 필요는 없습니다. 또 좋은 기분과 좋은 일이 항상 있을 수도 없습니다. 어떤 때는 우울하고 화가 나고 기분이 나쁜 일들이 가득할 때도 있겠지요. 좋든 나쁘든 하루 세 번 정도 빼놓지 말고 내 감정이 어땠는지 생각해 보는 것입니다. 좋은 기분뿐만이 아니라 나쁜 기분까지도 생각하세요.

이렇게 하면 안 좋은 일만 또다시 생각나고 기분만 더 가라앉을 거로 생각하는 사람이 많을 겁니다. 하지만 신기하게도 불안이라는 감정습관에 빠져 불안만을 생각하던 사람도 3~4시간마다 그동안 있었던 여러 가지 일과 감정을 생각하다 보면 좋은 일도 분명 생각나게 되어 있습니다.

그리고 하루를 정리하며 돌아보면 나쁜 기억보다는 그날 있었던 좋은 일, 긍정적인 기분이 조금이라도 늘어났음을 알 수 있습니다. 사실 3~4시간보다 더 짧은 간격으로 하면 더 좋습니다. 한 시간마다 알람을 맞추어 놓고 그 사이에 있었던 사소한 감정과 일들을 돌아보면 더욱 효과가 좋습니다.

주변 환경이 달라지지 않더라도, 주변 일들도 그대로라고 해도 자신의 감정을 자주, 그리고 능동적으로 검토하고 생각해 보는 것만으로도 이전보다 기분이 나아집니다.

실제 미국에서 이런 현상을 연구했습니다. 실험에 참가하는 사람들을 두 그룹으로 나눕니다. 한 그룹에게는 조사자가 하루가 끝날 무렵 그날의 기분이 어땠는지 한 차례만 물어보았습니다. 또 다른 그룹에게는 조사자가 수시로 전화해서 그때그때 기분이 어땠는지 물어보았습니다.

이렇게 며칠이 지난 후 두 그룹의 사람들에게 지난 며칠 동안 얼마나 행복했는지 물어보았습니다. 두 그룹 간에 생활의 차이나 발생한 일의 차이가 없음에도, 자주 자기 기분을 돌아보고 이야기한 그룹이 훨씬 행복하다고 답했습니다.

이 실험은 우리에게 중요한 사실을 알려 줍니다. 굳이 좋은 기분을 찾으려고 애쓰지 않아도 됩니다. 부정적인 감정습관에 빠진 사람들이 부담스러워하는 것이 작은 행복을 억지로 찾아야 한다는 것입니다. 물론 작은 행복과 소소한 기쁨이 눈에 들어오고, 바로바로 찾아지고, 적어 두고 리마인드 할 수 있다면 좋겠지만, 처음부터 그렇게 잘되지 않습니다.

그럴 때는 우선 하루에 세 차례 정도 시간을 정하고 이전의 3~4시간 동안 있었던 기분을 체크해 봅니다. 이것이 익숙해지면 한 시간에 한 번씩 하면 더욱 좋습니다. 그동안 불안이 무서워 도망만 다녔다면, 이제는 뒤돌아 능동적으로 마주하는 것입

감정은 습관이다

니다. 그러면 그 뒤에 따라오는 긍정적인 감정들도 눈에 들어올
것입니다.

걱정은
걱정하는 시간에
몰아서 하세요

우울이든 불안이든 대부분 부정적인 감정습관에는 걱정이 빠지지 않습니다. 많은 사람이 하루 종일 걱정에 시달립니다. 이런 상황에서는 일상의 작은 즐거움을 느끼기도, 긍정적으로 생각하기도 어렵겠지요. 그렇다고 어느 날 갑자기 걱정을 안 할 수도 없습니다.

그렇다면 걱정을 몰아서 하면 어떨까요? 하루 중에 걱정만 하는 시간을 따로 만드는 것입니다. 이전까지 하루 종일 걱정에 시달렸다면, 몰아서 집중적으로 걱정하고 나머지 시간을 가능한 한 불안 상태에서 벗어나게 하는 것입니다. 실제로 이 방법은 매우 효과가 있습니다.

감정은 습관이다

하루 중에 걱정만 하는 시간을 정하십시오. 주부라면 오전 중에 한 시간 정도 정하면 좋고, 직장인이나 학생은 저녁에 한 시간 정도 정하면 좋습니다. 수면에 영향을 줄 수 있으므로 잠들기 직전의 시간은 가능한 한 피하는 것이 좋겠지요.

평상시 마음속에 떠오르는 걱정과 고민 중에 지금 당장 해결해야 할 것들을 뺀 나머지 걱정을 일단 수첩에 모두 적습니다. 마음속에 걱정이 드는 순간 즉시 고민거리를 내 마음에서 꺼내 다른 곳으로 옮긴다는 기분으로 적으면 됩니다. 그리고 이렇게 생각하세요. '잠시만 거기 들어가 있어. 걱정하는 시간이 되면 꺼내서 충분히 고민할게.'

걱정하는 시간이 오면 수첩을 폅니다. 하루 동안 수첩에 적힌 고민들을 하나하나 살펴보고 그 해결법을 찾아 옆에 적습니다. 정말 열심히 고민만 하십시오. 고민해서 결과가 달라질 수 있는 것이라면 내가 할 수 있는 가장 최선의 방법을 찾아보세요. 온갖 걱정과 후회, 자책감 등을 이 시간에 몰아서 하십시오.

하지만 나를 자책하고 한숨만 쉬는 시간으로 만들지는 마십시오. 되도록 걱정하는 문제들의 실제적인 해결 방법을 찾아보려 노력하십시오. 또한 해결 방법이 없는 사항에 매달리지 마십시오. 그런 것들도 이 시간을 통해 정리해 주어야 합니다.

예를 들어 휴가를 앞두고 비가 오면 어떡하나 하는 고민은 아무리 고민해 봐야 소용없겠지요. 이렇게 스스로 어쩔 수 없는 사항은 그 옆에 '고민해 봐야 소용없음'이라고 적습니다. 내가 어떻게 할 수 없는 것이라고 수첩에 적고 나면 마음이 한결 편해질 겁니다. 이런 식으로 고민사항에 대해 분류하고 정리하면, 하루 종일 따라다니던 걱정을 맺고 끊을 수 있습니다.

고민 수첩 작성 예시

날짜: 12월 1일

고민거리	해결 방안	중요도(1-10)	기타
배가 자꾸 아프다. 건강에 이상이 생긴 것이 아닌가 걱정이 된다.	2일 뒤 시간이 있으므로 병원에 가서 검사를 받자.	8	혼자 추측만 해서는 아무런 답도 나오지 않는다.
친구가 전화로 내가 한 말을 오해하고 화가 난 것 같다.	친구에게 전화를 걸어서 사과할 수도 있고, 친구의 반응을 기다려 볼 수도 있다. 일단 하루 정도는 기다려 보자.	3	나와 아주 친한 친구도 아닐뿐더러, 그 정도의 말에 화가 난다는 것은 내 문제라기보다는 그 친구의 콤플렉스이다. 친구의 반응을 먼저 보는 것이 좋다.
두 달 남은 시험에 떨어질까 걱정된다.	계획대로 최선을 다해서 공부해 보자.	8	공부도 안 하면서 걱정만 하게 되는 것도 감정습관의 하나다. 일단 아침에 공부를 시작하는 것이 중요하다.
아무리 조심해도 누군가 나를 해코지할 것만 같다.	고민할 필요 없음.	2	내가 지금 어쩔 수 있는 것이 아니다. 내가 모든 것을 통제할 수는 없다.

걱정하는 시간에는 충분히 고민하십시오. 그러고 나서 정해진 시간이 지나면 다음 걱정하는 시간까지 고민들을 연기합니다. 이렇게 고민과 걱정을 가능한 한 일상에서 분리해야 합니다.

일상생활 중에 무언가를 걱정하고 싶은 마음이 들 때마다 '다

감정은 습관이다

음 고민 시간에 몰아서 하자'라고 참아 내는 것입니다. 이렇게
하면 감사, 즐거움, 작은 행복 같은 감정을 느낄 시간을 확보할
수 있습니다.

일상의
작은 습관부터
변화시키세요

우리는 무의식적으로 주변 사물들에 내 마음을 투영합니다. 자기도 모르는 사이 누구나 주변 환경이나 물건에 자신의 마음을 담습니다.

예전에 선배 의사가 초등학교 아이를 치료했던 사례가 기억납니다. 아이는 폭력적인 성향이 강했습니다. 아이의 부모는 자주 싸웠으며, 아이에게 관심을 가지고 돌봐 주지 않았습니다. 아이는 부모의 사랑을 갈구하면서도 부모를 무척이나 미워했습니다. 이 두 가지의 극단적인 파편으로 아이의 마음은 분열되었고 무척 혼란해하였습니다.

아이는 집에 있는 접시와 도자기를 던져서 깨뜨리며 분풀이를

감정은 습관이다

하였습니다. 정신과 치료를 시작한 이후, 아이가 접시와 도자기를 깨는 이유가 조금씩 밝혀졌습니다. 그것들은 그 아이의 마음을 상징하는 것이었습니다. 하나로 통합되지 못하고 파편화된 아이의 마음은 접시가 깨져 조각조각 부서진 상황과 같았습니다. 아이는 은연중에 자신의 마음을 외부로 표현하고 있던 것입니다.

수개월째 치료를 받던 어느 날, 아이는 자신이 깬 도자기 조각을 모아 본드로 붙였습니다. 진료실에서 의사는 그 아이에게 말해 주었습니다. "그 도자기는 너의 마음이었단다. 이제 너의 마음을 모으고 치료해 가려는 힘이 생기고 있구나."

유명한 아동 심리학자인 셀마 H. 프레이버그Selma H. Frailberg 의 저서 《마법의 시간 첫 6년The Magic Years》을 보면, 맹장수술을 받기 위해 입원한 남자아이 이야기가 나옵니다.

그 아이는 기계 다루는 것을 좋아하는데, 입원한 이후 엄마에게 고장 난 시계를 하나 가져다 달라고 합니다. 그리고 필사적으로 그 시계를 고쳐 냅니다. 평소 같으면 그 아이의 수준에서는 고칠 수 없는 것이었는데 말입니다. 아이는 그렇게 수술한다는 공포심을 이겨 낸 것입니다.

그 시계는 그 아이 자신을 상징했습니다. 고장 난 것은 아픈 자신을 상징했고, 자신이 고쳐 낸 것은 자신도 그렇게 나아질 것이라는 확신을 갖기 위한 필사적인 노력이었던 것입니다. 물론 그 아이는 자신이 시계에 이런 의미를 부여했는지 몰랐겠지요.

이렇게 우리는 자신도 모르는 사이에 사물이나 환경에 마음을 비춥니다. 그리고 그것을 내 마음인 것처럼 다룹니다. 의식하지 못하더라도 말이지요.

방을 정리하면
마음이 정리된다

저는 가끔 환자들에게 자기 방이 어떤 상태인지 묻습니다. 물론 방이 깨끗한지 더러운지 그 사실이 궁금한 게 아닙니다. 자신의 방은 자신의 마음을 상징할 때가 많기 때문입니다. 마음이 정리되지 않고 혼란한 사람은 방도 혼란하고 정리되어 있지 않을 가능성이 큽니다. 이 책 저 책 돌아다니기도 하고, 옷이 여기저기 널브러져 있을 수도 있습니다.

읽고 싶어 꺼내 놓은 책이나 해야 할 일감을 책상에 놓아둔 채 한동안 치우지 않았을 수도 있습니다. 마치 무언가 해야 할 것만 같은데 차마 엄두가 안 나고 불안만 가중되는 자신의 마음을 표현하듯이 말이지요. 또는 오래되고 쓸모없는 물건들을 버리지 못하고 쌓아 두고 있을지도 모릅니다. 현실보다는 과거로 돌아가고 싶은 건지도 모릅니다.

저는 우울증으로 고생하는 사람들에게 자신의 방을 정리하고,

감정은 습관이다

새로운 벽지로 바꾸거나, 마음에 드는 대로 꾸며 보라고 합니다. 이는 생각보다 큰 효과를 발휘합니다.

자, 방을 정리하십시오. 사물들을 정리하십시오. 그러면서 생각하십시오. '여기는 내 마음인데 지금 이렇게 내 마음을 정리하고 있다', '방의 더러움을 청소해 주며 방을 존중하듯, 내 마음도 대접하고 있다'라고 생각하세요. 이렇게 일상생활 중 마음과 빗댈 수 있는 것을 찾아 존중하고 의미를 부여해 보세요. 이런 일상의 작은 습관들이 마음의 변화를 만들어 냅니다.

마음의 상징
활용하기

얼마 전, 환자 한 사람이 뜨개질을 배우기 시작했습니다. 저는 그 사람에게 뜨개질을 할 때 뜨개실이 자신의 마음이라고 생각하라고 했습니다. 그러면서 한 코 한 코 떠 나갈 때마다 헝클어진 마음을 다스리고 다시 모은다고 생각하도록 했지요.

무엇 하나에도 집중하지 못했었지만 뜨개질은 포기하지 않고 열심히 배웠습니다. 그를 통해 성취감을 느꼈고, 자신도 무언가 이룰 수 있다는 자신감을 회복해 나갔습니다. 이렇게 작은 생활 습관들이 마음의 변화를 가져옵니다.

빵을 만들거나 그림 그리기를 배우는 사람도 마찬가지입니다.

내 마음에 비유해서 무언가 만들어 간다고 생각하십시오. 우리의 마음은 주변에서 자신을 상징하는 것을 찾기 때문입니다.

이것을 조금 더 확장해 봅시다. 우리의 마음은 종종 타인의 마음에 자신을 빗대기도 합니다. 타인의 마음을 통해 자신의 마음을 상징하고자 하는 것이지요.

타인은 내 마음의 거울이라는 말도 있습니다. 남들이 고집 세다고 불평하는 사람은 사실 자신의 고집이 센 것입니다. 남들이 돈만 밝힌다고 여기는 사람의 마음속에는 돈이라는 기준이 중요하게 자리 잡고 있을 것입니다.

또한 타인에게 화를 과하게 내거나 상대방을 가혹하게 몰아가는 사람을 보면, 자기 자신에게도 불만이 많고 가혹하게 대하는 경우가 많습니다. 반면 상대방을 존중하고 따뜻하게 대하는 사람은 자기 자신도 존중하고 따뜻하게 대하는 경우가 많지요.

우리는 이런 점을 이용해야 합니다. 내 주변에 있는 사물들을 이용하십시오. 내 마음을 상징할 만한 것을 찾아 마음을 다잡는 연습을 하십시오. 그리고 타인들을 나 자신을 대하듯 따뜻하게 대하십시오.

주위 사람에게서 나를 화나게 하는 단점들이 반복해서 눈에 띈다면, 실은 그것이 나의 단점이 아닌지 돌아보십시오. 주위에 있는 사람을 배려하고 나에게 잘못한 것을 용서해 주십시오. 마치 나 자신이 용서받은 듯 기분이 좋아질 겁니다.

감정은 습관이다

이런 일상의 작은 습관들이 잊고 지냈던 작은 만족과 기쁨을 깨닫게 하고 새로운 감정습관을 만듭니다.

말과
표정부터
바꾸어 보세요

사람에게 말이라는 것은 참으로 중요합니다. 밖으로 꺼내지는 않지만, 생각도 실은 말로 하지요. 또한 내 마음을 표현하고 이해하는 것도 결국은 말이라는 도구를 사용해야 합니다. 그러므로 감정습관도 가만히 들여다보면 결국 말의 습관과 연결되어 있음을 알게 됩니다.

감정습관을 변화시키려면, 먼저 내가 나에게 하는 말을 살펴야 합니다. 나도 모르게 자신에게 하는 말들이 있습니다. "안 될 거야", "분명 안 좋게 끝날 거야", "역시 난 바보야", "해 봐야 망신만 당할 거야" 등의 부정적인 말들을 속으로 수도 없이 합니다.

이런 말들은 습관이 됩니다. 그뿐만 아니라 이런 말들의 힘은 강력해서 생각과 감정을 좌지우지하게 됩니다. 그래서 가능한 한 부정적인 말 대신 긍정적인 말을 나에게 들려주어야 합니다.

부정문과 극단적인 표현 쓰지 않기

그런데 긍정적인 말을 할 때도 주의할 점이 있습니다. 보통 부정적인 감정이 습관화된 사람은 말도 부정문 형식을 쓰는 데 익숙해져 있습니다. 가령 '일이 잘 풀릴 거야'라고 표현할 때 '안 좋은 일은 생기지 않을 거야'처럼 두 번의 부정을 통해 긍정을 표현하려고 합니다. '내일 날씨가 좋을 거야'도 '내일 날씨는 나쁘지 않을 거야'라고 표현하는 식이지요.

이는 좋지 않습니다. 우리의 뇌는 사실 단순해서 복잡한 것을 싫어합니다. 집중해서 생각하면 그 의미를 정확히 이해하지만, 까딱하면 의미를 오해합니다.

정신과 치료 중에 최면 요법이라는 것이 있습니다. 환자가 최면 상태에 들어가면 치료자가 여러 가지 말을 하며 암시를 주고 믿게 하는 것입니다. 가령 금연을 위해 최면 치료를 하는 사람에게는 치료자가 "당신은 담배를 끊을 겁니다"라는 내용의 암시를 줍니다.

암시의 말은 부정문을 사용하지 않습니다. "당신은 담배를 피우지 않을 것입니다"라고 표현하지 않는 것이지요. 잘못하면 뇌가 앞의 내용에만 집중해서 "당신은 담배를 피울 것이다"라고 오해할 수 있기 때문입니다. 즉, '나쁜 일이 일어나지 않을 거다'라는 말보다는 '좋을 일이 생길 거야'라고 긍정적이며 단순하게 말해야 합니다.

나쁜 일이 생길까 봐 걱정하고 두려워하는 사람은 보통 "나쁜 일이 생기지 않을 거야"라고 되뇌입니다. 그렇지만 뇌는 '나쁜 일'이라는 단어에 즉각적으로 자극을 받아 더 불안해 질 수 있습니다.

불안과 우울이라는 감정에 습관화된 사람은 그것을 이겨 내기 위해 필사적으로 주문을 외우듯 자신에게 이야기합니다. "나쁜 일은 생기지 않을 거야", "아들은 교통사고를 당하지 않을 거야", "도둑이 들어오지 않을 거야", "그는 나를 싫어하지 않을 거야".

내가 나에게 어떤 말을 하고 있는지 집중해 보십시오. 그 말의 내용이 나의 감정을 만들어 냅니다. 가능한 한 긍정적이고 희망적인 말을 합시다. 부정문 형식을 사용하지 말고 단순하게 긍정문을 사용해서 자신에게 말하십시오. "잘 될 거야", "잘했어", "나는 이제 행복해 질 거야" 등의 말이 참 좋습니다.

또한 자신에게 말을 할 때 극단적인 표현을 사용하지 마십시오. "그건 절대 안 될 거야", "그건 반드시 해내야만 해", "이제 끝장이야", "너무 어려워" 등의 극단적인 표현을 줄이십시오. 뇌는

감정은 습관이다

'절대, 너무, 반드시, 꼭, 망했다, 끝장, 돌이킬 수 없다' 등의 말에 긴장합니다. 사소한 상황에서 사용하더라도 뇌는 생존과 관련된 것으로 오인할 수 있습니다.

이렇게 노력하는데도 내가 나에게 하는 말이 자꾸만 부정적으로 기울어지고 극단적인 표현을 쓰고 있다면 당장 이렇게 이야기하십시오.

"이제 그만!"

이렇게 강하고 단호한 태도로 꼬리에 꼬리를 무는 부정적인 말을 끊어 내야 합니다.

반드시
소리 내어 말해 보기

마지막으로, 나 자신에게 긍정적인 말과 위로의 말을 할 때, 또 "이제 그만"이라고 말할 때 중요한 것이 있습니다. 속으로만 생각하지 말고 입 밖으로 소리 내어 말하라는 것입니다. 가령 "잘했어", "이제 행복해질 거야", "잘될 거야" 등의 말을 자신에게 할 때는 속으로 하지 말고 큰 소리로 표현합니다.

하지만 이런 설명을 들으면 대부분은 어색해하며 일부러 소리 낼 필요까지 있냐고 반문합니다. 그렇다면 정말 생각만 하는 것과 소리 내어 나에게 들려주는 것은 차이가 있을까요?

전공의 시절 인상 깊었던 환자가 있습니다. 그분은 뇌경색으로 인해 하루아침에 하지 못하게 된 것이 있습니다. 바로 글을 읽는 능력입니다. 사람도 잘 알아보고, 그림도 잘 알아보고, 대화에도 문제가 없었지만 오로지 글씨만 읽지 못했습니다.

가장 황당한 것은 그분이 글은 잘 쓴다는 것이었습니다. 자기의 이름을 써 보라고 하면 또박또박 잘 썼습니다. 하지만 자신이 쓴 글이라도 읽지는 못했지요.

여기서 글씨를 쓰는 것과 읽는 것은 뇌의 입장에서 보면 참 다른 일이라는 것을 알 수 있습니다. 이 두 가지는 완전히 다른 프로세스로 진행되는 것이지요. 내가 방금 쓴 글이라도, 그것을 읽는 것은 뇌가 새로운 일을 하는 것입니다.

말하고 듣는 것도 마찬가지입니다. 말은 술술 잘하지만, 자신이 한 말을 녹음해서 들려주면 그를 이해하지 못하는 환자들이 있습니다. 즉, 말로 하는 것과 듣는 것이 서로 다른 영역인 셈이지요.

내가 한 말이라도 뇌는 남이 한 말을 듣는 것처럼 인식합니다. 말하는 것과 듣는 것이 따로 움직이기 때문입니다. 그러므로 내가 나에게 안심의 말을 할 때는 속으로만 생각하지 말고 큰 소리로 말하십시오. 그래서 나 자신이 듣도록 하세요. 그러면 뇌는 마치 남이 위로하고 안심시킨 것처럼 받아들일 겁니다.

앞에서 소개한 대로 말의 습관을 바꾸십시오. 나 자신을 보다

감정은 습관이다

쉽게 안심시키고 위로해 줄 수 있을 겁니다.

행복의 습관은
밝은 표정에서부터

'행복해서 웃는 것이 아니라, 웃어서 행복하다'라는 말이 있습니다. 또 이런 말도 있지요. '웃어라. 그러면 세상도 너를 향해 웃을 것이다.'

이런 말들이 사실이라는 것이 실험으로 증명되었습니다. 독일의 심리학자 프리츠 슈트라크Fritz Strack는 실험 대상자들을 두 그룹으로 나누어, 두 그룹 모두가 연필을 입으로 물고 있게 했습니다. 그리고 입으로 문 연필 끝은 앞으로 향하게 한 뒤, 한 그룹은 입술을 오므리게 하고 다른 한 그룹은 입술이 서로 닿지 않게 하라고 지시했습니다. 입술이 서로 닿지 않으려면 입을 벌려야 하는데, 연필을 물고 있으므로 의도하지 않아도 얼굴이 웃음을 띠게 됩니다.

그 상태에서 두 그룹 모두에게 만화를 보게 했습니다. 이후 만화가 얼마나 재미있었느냐고 묻는 질문에, 자신도 모르게 미소를 짓고 있었던 그룹이 훨씬 재미있게 느꼈다는 결과가 나왔습니다. 의미 없이 지은 미소가 나도 모르는 사이 내 기분에 영향을 준 것입니다.

뇌는 얼굴 근육들이 지금 어떤 상태로 있는지, 즉 내가 지금 어떤 표정을 짓는지 항상 체크합니다. 물론 기분에 따라 얼굴 표정이 달라지지만, 거꾸로 얼굴 표정에 따라 기분도 바뀌는 것입니다.

저는 진료실에 들어오는 사람들의 표정을 먼저 유심히 살펴봅니다. 부정적인 감정습관에 빠진 사람들은 일단 표정에서 그것이 드러납니다. 불안한 표정, 우울한 표정, 찡그린 표정이 하나의 인상으로 굳어져 있습니다.

다시 말해, 표정 짓는 것도 습관처럼 굳어진 것입니다. 그래서 별다른 걱정이나 불안, 우울이 없는 상태에서조차 자신도 모르게 그 표정을 짓게 됩니다. 그렇게 되면 뇌는 자신의 표정을 체크하고 나서 표정에 맞추어 우울하고 불안한 감정을 부풀릴 것입니다.

밝은 표정을 지어야 하는 이유가 하나 더 있습니다. 한껏 찡그린 표정과 화난 얼굴 표정을 한 사람을 만나면 상대방은 부담을 갖게 됩니다. 더 나아가 안 좋은 감정까지 같이 느끼게 됩니다. 감정도 전염되기 때문입니다.

우리의 뇌에는 '거울 뉴런'이라는 것이 있습니다. 거울 뉴런은 상대방을 볼 때 마치 내가 그 사람이 된 것처럼 느끼게 합니다. 영화나 드라마를 볼 때 주인공과 하나가 되어 울고 웃는 것도 이 뉴런 때문입니다.

감정은 습관이다

이 뉴런의 작용은 생각보다 강력해서 상대방의 표정을 보기만 해도 우리의 뇌는 내가 그 표정을 짓는 것처럼 착각하곤 합니다. 그래서 그 표정을 짓는 상대방의 기분과 비슷한 감정을 느끼게 됩니다.

이런 까닭에 우리는 무의식적으로 밝은 표정의 사람을 옆에 두고 싶어 합니다. 그 사람 옆에 있는 것만으로도 기분이 좋아지기 때문이지요. 모두가 표정이 밝은 사람을 원하므로, 밝은 표정을 하면 대인관계가 좋아질 수밖에 없겠지요. 그런 관계 속에서 더 많은 행복감을 느끼게 되고 더욱 밝은 표정을 짓게 됩니다. 행복의 습관이 시작되는 것입니다.

아침마다 거울을 보십시오. 그리고 내가 짓는 표정을 검토하세요. 찡그리고 긴장된 표정입니까? 그렇다면 일부러라도 밝은 표정을 연습해야 합니다. 억지로라도 미소를 지으십시오. 편안한 표정도 반복해 보세요. 그리고 그 표정을 습관화할 수 있도록 일상생활 중에도 노력하세요. 표정의 습관이 행복한 감정습관을 만드는 데 큰 도움을 줄 겁니다.

사소하지만
의미 있는 것들을
기억하세요

1995년 일본 고베 대지진 당시, 고베에 있었던 51명의 치매 환자들을 대상으로 한 흥미로운 실험이 있습니다. 지진이 발생한 지 6주와 10주가 지난 후 그들의 기억을 평가해 본 것입니다.

그들은 대부분 지진이 일어나기 전과 후의 일들을 거의 기억하지 못했습니다. 하지만 90퍼센트에 가까운 치매 환자가 지진이 발생했다는 사실은 기억했습니다. 이것은 놀라운 일이었습니다. 방금 전에 밥을 먹은 것조차 잊는 중증 치매 환자들이 수 주일 전에 지진이 났었다는 사실을 기억했으니까요.

이 실험을 수행한 윌리엄스Williams와 가너 Garner는 이 현상에 대해 치매 환자들도 자신의 인생에서 의미 있는 사건에 대해서는

감정은 습관이다

기억할 수 있다고 해석했습니다. 또한 평소의 일상적인 활동에 의미라는 자극을 더하면 기억이 상실되는 속도를 줄이고 정서적인 유대감을 유지하는 데 도움이 될 것이라고 설명했습니다.

의미 있는 것은
기억된다

저는 이 실험이 무척 인상 깊었습니다. 저에게도 많은 치매 환자가 찾아옵니다. 그들은 언제 병원에 왔었는지, 또 그 이후에 어떤 일들이 있었는지 대부분 기억하지 못합니다. 수십 년 전의 일은 모두 기억해도 최근의 일은 머릿속에 기억되지 않는 사람들이 많습니다.

그렇지만 최근 일 모두를 잊는 것은 아닙니다. 며칠 전의 일이 간혹 기억난다며 이야기하는 경우가 있습니다. 그럴 때는 비교적 생생하게 기억해 내고 이야기하며, 즐거운 표정을 보이기도 합니다. 또는 화를 내거나 울기도 합니다. 평소에 무뎌졌다고 생각했던 감정도 한껏 드러납니다.

그들이 기억하는 것들은 고베 실험에서 나타난 것처럼 어떤 의미를 가진 기억들입니다. 뻔하게 반복되는 것은 기억하지 못합니다. 하지만 기억력이 심하게 저하된 상황에서도 자신이 의미를 부여한 기억은 잊지 않으며 그때의 감정도 되짚어 내는 것입니다.

예컨대 평상시에는 식사 때 반찬으로 무엇을 먹었는지 전혀 기억하지 못하는 사람도 자기가 아주 좋아하는 반찬이 나왔을 때는 기억합니다. 어떤 사람은 오랜만에 찾아온 막내아들과 먹은 반찬을 잊지 않고 기억하기도 합니다.

이런 현상은 비단 치매 환자에게만 나타나는 것이 아닙니다. 우리 모두에게 해당합니다. 일상의 반복되는 일이라도 나에게 어떤 의미가 있는 것으로 생각될 때는 그것을 기억하고 그 기분을 간직하게 됩니다.

의미를 찾으면
'지루한 일상'은 없다

여기서 일상의 작은 행복을 기억하고 간직하는 또 하나의 방법이 우리의 행동과 주변 환경에 어떤 의미를 부여하는 것이라는 사실을 알 수 있습니다.

아침에 일어나서 가족의 얼굴을 마주할 때 당연하다고 생각하지 말고 일부러라도 의미를 부여해 봅시다. 가령 '한 주가 시작되는 월요일에 보는 가족들의 첫 모습이구나' 등으로 말입니다.

아이스크림 하나를 사 먹을 때조차 예전에 먹었던 기억을 떠올려 보고, 그때와 지금을 비교해 보기도 합시다. 그렇게 무언가 감정적인 느낌도 가져 보고, 지금 이 순간이 의미를 가지도록 하는 것이지요.

직장에서 일할 때도 마찬가지입니다. 매일 반복되는 지루한 일의 연속이더라도 그 안에서 의미와 가치를 찾으려고 노력해 보십시오. 내가 이 작업을 해서 사람들에게 어떤 도움을 주는지 수시로 생각하십시오. 또는 이 일을 해서 번 돈으로 내가 어떤 일들을 하려고 하는지, 그래서 이 일이 나에게 어떤 의미가 있는지 찾으십시오.

집안일도 마찬가지입니다. 보통 저를 찾아오는 사람들은 하루 종일 지겨운 일들에 시달린다고 이야기합니다. 재미도 없고, 집안일을 그저 노동으로만 여기지요. 이런 상황이라면 우리가 원하는 일상의 작은 행복을 찾기 참 어렵습니다. 집안일도 힘든 육아도 그 안에서 의미를 찾아야 합니다.

사실 그것들의 중요성은 이미 알고 있습니다. 집안일이라는 것이 가족과 자신의 행복을 위해 얼마나 중요합니까? 육아는 말할 것도 없지요. 하지만 그저 가만히 있어서는 안 됩니다. 보다 적극적으로 나서서 내가 하는 일들에 의미를 부여해야 합니다.

쉬는 것도 마찬가지입니다. 무언가 의미를 가지고 쉬면 기분이 좋고 무기력감을 느끼지 않습니다. 의미 없는 휴식은 게으름과 무기력, 죄책감을 유발합니다.

일상이 지겹고, 사소한 즐거움 따위는 있지 않다고 생각하십니까? 돌아보면 작은 즐거움이 떠오르지 않나요?

그저 기다리지만 말고 작은 의미라도 부여하십시오. 나의 삶 속에서 오늘 하루가, 작은 그 일이 어떤 가치를 가질 수 있는지 생각해 보십시오. 반복되는 하루라도, 돌아보면 작은 즐거움을 찾을 수 있을 것입니다. 무의미했던 당신의 반복되는 생활이 의미를 가지게 될 것입니다.

자극적이지 않은 감정을 찾아내고 기억하는 또 하나의 방법, 바로 일상의 일들에 의미라는 시럽을 덧씌우는 것입니다.

감정은 습관이다

행복한
비전을
세워 보세요

김유나 씨는 참 호감을 주는 사람입니다. 자기주장만을 내세우지도 않고 고집을 부리지도 않습니다. 상대방이 이야기하면 진지하게 경청합니다. 단아하고 세련된 외모까지 가진 그녀는 누가 봐도 걱정이라곤 없는 행복한 사람 같습니다.

그런 그녀가 저를 찾아온 이유는 자신의 건강을 과도하게 걱정하기 때문입니다. 얼마 전 가슴이 뛰고 숨이 막혔던 증상을 경험했습니다. 당시 응급실을 찾았지만 검사상 아무 이상이 없고 스트레스 때문인 것 같다는 이야기를 들었다고 합니다.

그 후 그녀는 의사들이 발견하지 못한 병이 있을 것만 같은 불안을 안고 지내 왔습니다. 회사 일도 손에 잡히지 않고, 잠도 제대로 자지 못했습니다. 더 이상 몸에 아무런 이상이 나타나지 않고 일시적인 문제였다는 것을 알았음에도 걱정이 쉽게 멈추지 않았습니다.

감정습관에서 비롯된
건강 염려증

유나 씨는 몸에 대해서 이렇게 걱정한 적이 없었다고 합니다. 물론 단 한 번의 고통 또는 신체 증상으로 건강 염려증이라는 병에 걸리는 경우도 많습니다. 하지만 그녀는 단순히 건강 염려증만의 문제가 아닌 듯 보였습니다. 완벽해 보였기에 오히려 마음속에 숨겨 온 아픔이 있지 않을까 생각했습니다.

어렸을 때 그녀의 집은 매우 가난했습니다. 그래서 고등학생 때부터 수시로 결석하며 집안일을 도와야 했습니다. 하지만 가난보다도 더욱 힘들었던 것은 아버지의 주사와 폭력이었습니다. 아버지는 술을 먹은 날이면 그녀를 앉혀 놓고 몇 시간이고 같은 이야기를 반복했습니다. 자신의 인생에 대한 신세 한탄이었지요.

유나 씨가 조금이라도 집중하지 않거나 바로바로 대답하지 않으면 아버지는 손찌검을 했습니다. 그녀의 경청하는 자세는 그렇게 형성된 슬픈 습관이었던 것입니다. 그녀는 어려서부터 '아

262

감정은 습관이다

버지에게 맞지는 않을까?', '아버지가 술을 드시면 어떡하지?', '또 일장 연설을 하시면 어떡하지?'라는 생각으로 마음을 졸이며 지냈습니다.

세월이 흘러 성인이 된 그녀는 좋아하는 남자를 만났습니다. 하지만 아버지는 그 남자를 반대하며 결혼을 허락하지 않았습니다. 아버지의 마음을 돌리기 어렵다고 생각한 그녀는 도망치듯 집에서 나와 혼인 신고를 하고 조촐하게 결혼식을 올렸습니다. 물론 아버지는 오지 않았지요. 다행히 남편은 좋은 사람이었고, 더 이상 아버지와 만나지 않아도 됐습니다.

하지만 왠지 모를 불안이 남았습니다. 마음 한편에 아버지에 대한 죄책감이 남아 그녀를 괴롭혔습니다. 그러던 중 몸에 잠시 이상이 왔던 것입니다. 그날 이후 그녀는 달라졌습니다. 아버지에 대한 죄책감과 불안이 없어진 대신 온통 자신의 건강 문제로 불안이 쏠렸지요.

독자 여러분도 이제는 아시겠지만, 그녀는 얼굴만 변한 감정습관에 빠진 것입니다. 불안과 초조함이라는 감정에 습관화된 뇌는 결혼 이후 생활이 나아져도 걱정거리를 찾아내었고, 몸에 돌발적인 증상이 생기자 그 기회를 잡고 건강 염려증이라는 이름으로 계속 불안을 유지하려 하는 것입니다.

저는 이런 감정습관의 원리를 그녀에게 설명했습니다. 그리고 앞서 나왔던 여러 가지 방법 또한 설명해 주었습니다. 그녀는 역시 제 이야기를 잘 경청했으며, 제가 조언하는 대로 잘 따라왔습니다. 일상의 소소한 즐거움을 찾으려고 애썼으며, 감정 수첩도 열심히 썼습니다.

작은 즐거움이 생각보다 쉽게 떠오르지 않고 느껴지지 않자, 앞에서 설명한 일상의 일들에 의미를 부여하기도 했습니다. 꽃이 예쁘게 피었을 때도 그냥 지나치지 않고 '이 꽃을 남편과 함께 봤으면 더 좋았겠다', '누가 이 꽃을 여기에 심었을까? 고마운 사람이네' 등으로 의미를 부여했습니다. 사소한 것에 감사하고 의미를 부여하자 그녀는 크게 달라졌습니다. 일상의 작은 즐거움을 느끼기 시작했고, 그것이 자극적인 감정보다 훨씬 더 중요함을 알았습니다.

부정적인 감정습관의 마지막 복병

유나 씨는 점차 몸에 대한 과도한 집착에서 벗어났으며, 그녀를 잡고 있던 부정적인 감정습관 또한 그녀를 놓아주는 듯했습니다. 하지만 또 다른 암초가 기다리고 있었습니다.

"선생님, 너무 무기력해요. 일상의 작은 것들이 좋긴 한데, 시간이 지날수록 공허하고 이걸 해서 뭐 하나 하는 생각이 듭니다. 어차피 죽을 건데 아등바등 행복하면 뭐 하나 싶어져요."

감정은 습관이다

이런 호소는 부정적인 감정습관에서 막 빠져나오기 시작한 사람에게서 흔히 볼 수 있는 증상입니다. 자극적인 감정에서 벗어나 작은 감정들을 느끼게 되고 일상에 의미를 부여하기 시작하면 만족감이 증가합니다. 이렇게 새롭고 긍정적인 감정습관에 들어서려는 순간 발생하는 무기력감입니다. 갑자기 모든 것이 공허하고 의미 없게 느껴집니다.

그 이유는 큰 방향성을 찾지 못했기 때문입니다. 그동안 자극적인 감정에 휩쓸려 다녀 여유가 없었는데, 그것을 극복하면서 마음이 잔잔해지고 여유도 생긴 것입니다. 그러면서 이전에 몰랐던 주위 풍경도 보이고 작은 기쁨들도 느꼈겠지요. 하지만 방향성이 없으면 그 잔잔함 위에서 빙글빙글 원을 그릴 뿐 내가 무엇 때문에 살고 있는지 회의가 듭니다. 자극적인 파도가 있을 때는 생각지도 않았던 문제들이지요.

이럴 때 필요한 것이 비전입니다. '내 인생에서 가장 중요한 것은 무엇인가?', '내가 해야 할 가장 중요한 가치는 무엇인가?' 하는 것 말입니다. 이것을 꼭 정해야 합니다.

그녀에게 가장 중요한 것이 무엇인지 묻자 가족이라고 답했습니다. 자신이 어릴 적 경험해 보지 못한 가족의 화목을 꼭 이루어 내고 싶다고 했습니다.

그렇습니다. 그녀에게는 '가족의 화목'이라는 가치가 가장 중요한 비전이 되는 것입니다. 이렇게 자신의 비전을 확실하게 세우면, 하루하루 어디로 나아가야 할지 방향성이 잡힙니다.

비전을 세우면
감정습관도 따라간다

앞에서 일상의 일에 의미를 부여하라고 했었지요? 거기에 한 가지 조건을 더해 봅시다. 바로 자신의 비전과 연관되는 의미를 부여하는 것입니다. 내가 오늘 하는 일, 사소한 행동, 반복되는 일상 들이 결국 내가 원하는 비전을 향하여 나아가는 데 도움이 된다는 것을 느껴야 공허하지 않습니다. 혹여나 일상의 습관들이나 내가 부여하는 일상의 의미가 비전과 동떨어지거나 반대된다면, 그것은 수정되어야 합니다.

그동안 그녀는 남편에게 화날 때도 참았습니다. 그게 더 편했기 때문입니다. 하지만 일상의 습관이나 감정습관이 결국은 자신의 비전을 향해 가야 한다는 것을 알고 난 뒤, 그녀의 행동은 바뀌었습니다.

자신이 가진 서운함을 남편에게 차분히 표현하기 시작했습니다. 피하기만 하던 아버지에게도 솔직하게 마음을 표현하기 시작했습니다. 그녀는 더 이상 허무하지 않았습니다. 이런 변화가 '화목'이라는 비전을 향해 한 발짝 가까이 가게 해 준다고 확신했기 때문입니다.

소소한 감정을 찾아내고 그것을 즐기며 만족감을 얻는 것은 중요합니다. 또한 일상의 일들에 의미를 부여하는 것도 매우 중요합니다. 하지만 자기가 어디로 나아가야 하는지부터 확실히 정해야 합니다.

오늘은 조금도 나아진 것 같지 않고, 어제보다 더 후퇴한 것 같아도 괜찮습니다. 방향성만 있다면 결국은 그 방향으로 나아갈 것이며 성장할 수 있습니다. 그 안에서 감정습관 또한 내가 원하는 방향으로 바뀔 것입니다.

유나 씨는 얼마 전 아이를 낳았습니다. 아이를 낳기 전에는 육아가 이렇게 힘든 건지 몰랐다고 합니다. 감정을 표현하고 아이에게 사랑을 주는 것 역시 낯설다고 했습니다. 하지만 자신이 가진 비전을 바라보며 힘든 일들에 의미를 부여했습니다. 아이의 미소에서 큰 즐거움을 발견하면서 자극적이지는 않지만 잔잔한 모성애와 만족감도 느꼈습니다.

불안과 건강 염려라는 극단적인 감정습관은 이제 그녀를 떠났습니다. 오늘도 그녀는 작은 것들에 감사하며, 자신이 정해 놓은 화목이라는 등대를 향해 조금씩 나아가고 있습니다.

다행히도
누구나
행복할 수 있습니다

감정도 습관이 되기에 오늘도 많은 사람이 고통 속에서 쉽게 벗어나지 못하고 있습니다. 우리의 뇌가 어리석게도 자신에게 익숙한 고통의 감정을 찾아다니기 때문이지요. 대인관계도 마찬가지입니다. 상처가 되는 관계여도 그저 익숙한 사람을 계속 찾습니다.

생각해 보면 참 억울한 일입니다. 공평하지 않습니다. 행복한 감정이 습관화된 사람은 계속 행복할 가능성이 높고, 우울한 감정이 습관화된 사람은 계속 우울할 가능성이 높다니요? 심지어 남도 아닌 나의 뇌가 나를 속이고 있다니! 답답하기만 합니다.

책의 초반부에 소개했던 뇌의 원리가 기억나나요?

뇌는 유쾌하고 행복한 감정이라고 해서 더 좋아하지 않는다. 유쾌한 감정이든 불쾌한 감정이든 익숙한 감정을 선호한다. 불안하고 불쾌한 감정일지라도 그것이 익숙하다면, 뇌는 그것을 느낄 때 안심한다.

나에게 해가 되는데도 끈질기게 습관을 유지하려는 뇌가 참 밉기도 하지만, 그렇기에 그 안에서 큰 희망도 갖게 됩니다. 새로운 습관을 들일 수만 있다면 무엇과도 비할 수 없는 큰 힘이 되어 줄 것입니다.

습관은 유전과는 다릅니다. 바꿀 수 없도록 정해진 것이 아닙니다. 그래서 우리가 지금까지 새로운 감정습관을 들이는 법을 알아본 것이지요. 새로운 감정습관이란 자극적인 감정보다는 소소한 감정들로 이루어져야 한다는 것도 알았습니다.

하지만 머리로 이해한다고 해서 새로운 습관을 익힐 수 있는 것은 아닙니다. 책에서 나온 방법을 반복해서 연습하고 또 연습해야 합니다.

한국에서 운전하다가 영국으로 이민을 간 사람들은 크게 당황합니다. 운전석이 한국과 다르게 오른쪽에 있는데다가 신호

체계와 도로의 방향 또한 다르기 때문입니다. 시동 거는 것부터 왼손으로 스틱을 잡는 것, 방향등을 켜는 것까지 너무나 어색할 것입니다. 사고가 날 만한 위기 상황도 수없이 많겠지요.

하나부터 열까지 일일이 머릿속에서 생각하며 운전해야 합니다. 배워 가는 속도가 너무도 더딥니다. 하지만 몇 개월 지나면 차츰 나아지기 시작합니다. 일일이 생각하지 않아도 저절로 몸이 반응하기 시작합니다. 비로소 뇌가 새로운 운전 습관에 익숙해진 것입니다.

감정습관도 마찬가지입니다. 처음에는 일일이 생각하고 신경 쓰며 연습해야 합니다. 너무도 답답하고 속도도 나지 않을 것입니다. 하지만 포기하지 말고 확신을 가지십시오. 힘들게 익힌 새로운 감정습관이 이후에는 쉽게 무너지지 않는 행복을 가져다준다는 것을 말입니다.

감정은 습관이다

우울, 걱정, 불안, 슬픔을 벗어나는 감정 조절법

감정은 습관이다

ⓒ 박용철 2023

1판 1쇄 2023년 1월 25일
1판 4쇄 2024년 7월 17일

지은이 박용철
펴낸이 유경민 노종한
책임편집 김세민
기획편집 유노책주 김세민 이지윤 **유노북스** 이현정 조혜진 권혜지 정현석 **유노라이프** 권순범 구혜진
기획마케팅 1팀 우현권 이상운 **2팀** 이선영 김승혜 최예은 전예원
디자인 남다희 홍진기 허정수
기획관리 차은영
펴낸곳 유노콘텐츠그룹 주식회사
법인등록번호 110111-8138128
주소 서울시 마포구 월드컵로20길 5, 4층
전화 02-323-7763 **팩스** 02-323-7764 **이메일** info@uknowbooks.com

ISBN 979-11-92300-46-7 (03180)